68 혁명, 세계를 바꾸기 위한 세 가지 방법

차명식의 역사 강의 02

68혁명, 세계를 바꾸기 위한 세 가지 방법

발행일 초판1쇄 2022년 4월 5일
지은이 차명식 | **펴낸곳** 북튜브 | **펴낸이** 박순기 |
주소 경기도 고양시 덕양구 소원로181번길15, 504-901 |
전화 070-8691-2392 | **팩스** 031-8026-2584 | **이메일** booktube0901@gmail.com

ISBN 979-11-977503-3-5 03900

Booktube 북튜브 책으로 만나는 인문학강의 세상

68 혁명, 세계를 바꾸기 위한 세 가지 방법

차명식 지음

Booktube 북튜브

책머리에

혁명, 지금이기에

이 글을 쓰고 있는 지금 이 순간 서쪽으로 7,500km 떨어진 우크라이나에서는 러시아의 침공을 막기 위한 필사의 저항이 이어지고 있다. 아직도 끝날 기미가 보이지 않는 코로나 팬데믹의 사망자 수는 600만 명을 향해 달려가고 있고, 기후 변화에 관한 정부 간 협의체 IPCC는 앞으로 10년 후면 지구 전체의 온도가 1.5도 상승해 기후위기가 돌이킬 수 없는 지점에 다다를 것이라고 전망했다.

우리 삶에 있어 해결하기 어려운 난제들을 맞닥뜨리는 것은 드문 일이 아니다. 그러나 요즈음에는 더더욱 우리 손을 까마득히 벗어난 것 같은, 그럼에도 우리 일상에 지대한 영향을 미치는 일들이 계속해서 이어지고 있다. 때문에 그 어느 때보다도 지금 우리에게는 이 질문이 간절하다 — 세계의 문제 앞에 우리는 대체 '무엇을', '어떻게' 해야 하는 것일까.

내게 있어 그 질문은 꽤나 친숙한 것이다. 앞서 '68혁명, 인간은 세계를 바꿀 수 있을까'라는 제목으로 했던 네 개의 강의들에서 나는 1968년의 혁명과 현재가 연결되는 지점들을 짚어 설명하고 그 시절에 비추어 우리 시대를 되돌아보고자 하였다. 그리고 그 강의들을 마칠 때면 매번 빠짐없이 나오는 질문이 그것이었다.

> "선생님이 말씀하신 내용들을 매우 흥미롭게 들었고, 실제로 68과 오늘날이 이어지는 지점이 있다고 느끼게 되었습니다. 헌데 그렇다면 과연 우리는 그 시절부터 오늘까지 이어져 온 문제들을 해결하기 위해 구체적으로 무엇을 할 수 있을까요? 어떤 실천을 통해 내 삶과 세상을 바꿀 수 있을까요?"

그때마다 나는 나의 목소리가 참가자들에게 닿았다는 큰 기쁨과 함께 약간의 난감함을 느낀다. 실제 우리의 현실이 저마다 다른 결과 맥락 속에 있기 때문에 각자에게 맞는 삶의 실천을 구체적인 차원에서 일러주는 것이 결코 쉽지 않은 탓이다. 예를 들어 공교육 제도가 갖고 있는 문제점을 제아무리 합리적으로 분석한다 해도 학생을 대뜸 붙들고 '그러니 당장 학교를 때려치워라'라고 말하는 건 또 다른 문제인 것이다. 각자에게 주어진 삶의 조건이 분명히 실재하는데 그를 고려치 않고 분석에 근거해 무작정 실천을 요구하는 건 무책임한 일이 될 뿐이다. 그것이 탁월하게 현실을 분석하는 학자들조차 명쾌하게 '이렇게 하라'고 구체적인 방법들을 제시하지 못하는 까닭이며, 어쩌면 우리는 그를 이론과 현실의 괴리라고 부를 수도 있으리라.

하지만 그런 점에서도 68혁명은 우리에게 귀중한 유산들을 남겼다. 68은 다채로운 실험들의 기록이자 현장으로서, 삶과 세계를 바꾸기 위한 수많은 방법론들이 그곳에서 토론되고 구상되었으며 실천에 이르렀기 때문이다. 그 흔적들에서 우리는 수많은 혁명가들이 몸을 던지게 한 찬연한 이상을, 또 가장 고결한 이상이 가장 처참한 결과로 이어지는 참혹한 실패를, 그리고 잿더미가 된 실패의 잔해들에서 싹을 틔우는 새로운 희망을 발견할 수 있다. 그 가감 없는 성공과 실패(이전에 말했듯 68에서 그 둘은 때때로 명확히 구분되지 않는다)의 지도는 오늘날 세계의 거대한 변화와 맞닥뜨린 우리에게 그 무엇보다 생생한 지침으로 다가온다. 이것이 내가 이 책에서 이어질 강의들에서 68혁명의 '방법론들'에 대해 이야기하려는 이유이다.

이 강의, '68혁명, 세계를 바꾸기 위한 세 가지 방법'은 총 여덟 강으로 기획된 전체 강의 중 두번째 시즌, 그러니까 후반부 네 개 강의에 해당한다. 이 강의들에서 우리는 말 그대로 '세계를 바꾸기 위해' 68혁명에서 시도되었던 세 가지 방법들을 살피게 될 것이다. 그는 각각 철두철미하게 옛 세계를 파괴하려 한 '파괴자들'의 방법론, 세계 바깥에서 지혜를 끌어와 이상적인 별세계를 창조하려 했던 '탐구자들'의 방법론, 마지막으로 지금 이 순간의 일상에서 변화를 추구했던 '일상의 혁명가들'의 방법론이다. 그 세 방법론을 차례로 살펴본 후 전체 강의에 대한 에필로그가 더해져 강의를 마무리하게 된다.

물론 그 시도들에서 살필 수 있는 바를 그대로 똑같이 가져와 우리 현실에 적용할 수는 없으리라. 그러나 적어도 우리는 그 시도들에 대해 알게 될 것이다. 무엇을 두려워해야 하고 무엇을 놓치지 말아야 하며 언제, 어디서부터 시작해야 하는지 알게 될 것이다. 그럼으로써 그들 기록에 이어 우리가 맞닥뜨린 현실과 세계에 대한 우리의 기록을 덧붙일 용기를 조금은 얻게 될 것이다. 나는 그럴 수 있기를 간절히 소망한다. 이미 세계가 우리 의지와 상관없이 급격히 변화하고 있는 이상 할 수 있는 최선의 일은 휩쓸리기보다 흐름을 타는 것이며, 그는 그저 파도를 두려워하며 제자리를 지키고자 하는 것만으로는 불가능한 일이기에….

마지막으로 지난 1권 『68혁명, 인간은 세계를 바꿀 수 있을까』와 마찬가지로 이 강의와 책을 만드는데 역시 많은 텍스트와 사람들의 도움을 받았음을 밝힌다. 잉그리트 길혀홀타이의 『68혁명, 세계를 뒤흔든 상상력』이 특히 큰 도움을 주었고 조지프 히스와 앤드류 포터의 『혁명을 팝니다』 등에서도 많은 배움을 얻었다. 또 강의안을 함께 살피고 소중한 피드백을 준 길드다 멤버들과 북앤톡 선생님들, 부족한 강의를 책으로 펴내기 위해 물심양면 도와주신 북튜브 출판사 분들, 귀 기울여 강의를 들어 주시고 놀라운 반응과 질문들로 나의 지평을 넓혀 주신 수강생 분들께 감사의 말을 전하고 싶다. 그리고 나의 사랑하는 가족들과 이 책의 출간을 보지 못하고 얼마 전 돌아가신 외할아버지께도 감사드린다.

서설은 여기까지다. 그럼 지금부터 다시 옛 혁명의 이야기를 시작하자. 부디 우리의 오늘도 반세기 후 미래에 단지 퇴락의 시절이 아닌 또 한번 새로운 가능성들이 깨어난 시절로 기억되길 바라며….

2022년 2월 27일

차명식

차례

첫번째 강의

파괴자들

—

세계를 바꾸기 위한
옛 세계의 파괴,
문화대혁명부터
바더-마인호프 그룹까지

안녕하세요. '68혁명, 세계를 바꾸기 위한 세 가지 방법' 강의를 진행할 차명식입니다. 이 강의는 지난 시즌 1 '68혁명, 인간은 세계를 바꿀 수 있을까'에 이어 다시 한번 68혁명을 다루는 강의입니다. 그러나 지난 강의를 듣지 않으신 분도 계실 테니 68혁명에 대해 한 번은 간단히 짚고 넘어가야겠지요. 68혁명이란 1968년 즈음, 그러니까 넓게 잡으면 60년대 중반부터 70년대 중반에 이르는 시기 동안 전 세계에서 동시다발적으로 발생한 다양한 사회 변혁의 움직임을 통틀어 일컫는 말입니다. 이 움직임들 중에는 보통 우리가 말하는 '정치적인' 것도 있고, '문화적인' 것도 있습니다. 독재 정권의 타도와 선거제를 목표로 한 운동도 있고, 소수자와 차별 문제를 다루는 움직임도 있으며, 전쟁과 제국주의에 반대하거나, 성해방 등 권위주의적 문화를 타도하고자 한 것도 있죠.

지난 시즌에는 그 다양한 흐름들 중 일부를 주제별로 선정하여 다루어 보고, 그것이 오늘날 우리의 현실과 어떻게 연결될 수 있는가를 주로 살펴보았습니다. 이번 시즌에는 좀 더 구체적인 차원에서 그와 같은 변화를 '어떻게' 이루어 낼 수 있는지를 살펴보려 합니다. 68혁명 당시는 어떤 방법들이 세상을 바꾸기 위해 시도되었고, 오늘날 우리는 그 시도들로부터 무엇을 얻을 수 있을지 그리고 그것들을 우리가 어떻게 활용할 수 있는지 말입니다. 오늘 첫 시간에는, 그중 옛 세계를 철저하게 파괴하는 방식으로 이 세계를 바꾸려 했던 '파괴자들'에 대해서 이야기해 보겠습니다.

1. 파사구(破四舊) : 깨부숴야 할 네 가지 과거

동방으로부터의 연대, 마오의 기획

1968년 5월, '자유인'의 물결이 서방세계의 모든 거리에 넘실거리며 '혁명'이란 단어를 속삭이고 있었습니다. 그때 바다와 초원을 건너온 이름들이 함께 휘몰아쳤죠. 남미 쿠바의 체 게바라(Che Guevara), 동남아시아 베트남의 호치민(胡志明), 그리고 중국의 마오쩌둥(毛澤東). 그중에서도 특히 마오쩌둥의 그림자는 서방세계에 짙게 드리웠습니다.

마오쩌둥은 중국이 일본 제국과 전쟁을 벌이던 때부터 중국 공산당을 이끌어 결국 공산주의 중국을 건설해 낸 중국의 지도자이자 혁명가였습니다. 이런 마오쩌둥의 이름이 서방세계 곳곳에서 울려 퍼졌다는 것은, 오늘날 미국과 중국의 관계를 생각하면 상상하기 힘든 일이죠. 지금과는 다르게 1968년 유럽과 미국 등의 서구세계에서는 수많은 거리의 혁명가들이 마오쩌둥의 어록을 인용하고 구호로 외쳤어요. 또한 그의 초상화 포스터가 거리와 대학을 수놓았다고 합니다. 부패한 자본주의를 바꿀 대안 중의 하나가 공산주의를 건설한 중국의 '마오'였던 거죠. 그래서 당시 유럽에서는 '마오주의자'를 자처한 이들이 많았어요.

'마오주의'는 학생과 산업노동자의 연대를 꾀하고 학생들을 공장과 작업장으로 떠나게 하여 혁명 조직을 창출코자 한 흐름을 의미했습니다. 68의 풍경을 살펴보면 장발, 마약, 프리섹스 등을 자유와 해방의 상징으로, 자기 신념으로 삼았던 이들이 많았어요. 하지만 마오주의자들은 이런 것들을 거부합니다. 또 무장투쟁을 선동하는 거리의 게릴라들(체 게바라의 아이들) 또한 경계했는데요. 그렇다면 마오주의자들의 방법론은 무엇이었느냐. 68년을 관통한 수많은 혁명의 가닥들 가운데 '마오'라는 이름은 학생과 노동자가 연대하여 저항하는 보다 '전통적인' 공산주의 혁명 노선을 상징했습니다. 상상력에 대한 그들의 다소 경직된 태도에도 불구하고, 그들은 서구의 구시대적 질서를 깨뜨리기 위한 연대의 계열들 중 하나로 받아들여졌습니다.

이렇게 서방에서만 마오를 부르짖은 것이 아니라 중국에서도 서방에 대한 호응을 적극적으로 보내주었어요. 68년 5월 혁명에 대한 중국의 발 빠른 호응은, 서방의 학생들로 하여금 미국과 유럽뿐 아니라 대초원 실크로드 너머의 동방에서까지 이루어지는 연대를 상상케 만들기에 충분했지요.

> 중국의 공식 발표에 따르면, 68년 5월 21일 베이징에서 "프롤레타리아적·혁명적 열정으로 충만한" 50만 명의 노동자, 홍위병 투사, 혁명적 교사, 학생, 당 간부가 한데 모여 프랑스에서 진행 중인 학생운동과 노동운동의 투쟁을 지지하는 대규모 시위를 벌였다. [⋯] "미제국주의 타도! 소련 수정주의 타도! 만국의 반혁명세력 타도!" 또한 시위대는 이렇게 외쳤다. "우리는 파리 노동자와 학생들의 정당한 투쟁을 단호히 지지한다! 위

Nationaal Archief #921-3740

1968년 5월 21일, 소르본 대학 건물 벽에 마르크스, 레닌의 사진과 함께 마오쩌둥의 사진이 붙어 있다. 마오주의는 68의 여러 흐름들에 비해 상상력은 부족했지만 당대의 여러 이론가들에게 영향을 끼친 중요한 사상적 조류 중 하나였다.

대한 파리 코뮌 혁명전통 만세! […]” 1968년 5월 21일에서 26일까지 겨우 며칠 동안 중국인 총 2000만 명이 프랑스 노동자의 요구를 지지하며 행진했다. 잉그리트 길혀홀타이, 『68혁명, 세계를 뒤흔든 상상력』, 정대성 옮김, 창비, 2009, 181쪽

2000만 명이라니, 엄청난 규모죠. 힘겨운 싸움을 벌이는 중에 도착한 저 머나먼 동방으로부터의 지지와 연대! 이 뉴스를 듣고 서방세계 학생들이 얼마나 들떴을지 상상할 수 있습니다.

그런데 그로부터 불과 2개월이 지나자 상황은 급변합니다. 68년 7월, 마오쩌둥은 중국의 모든 학생 지도자들을 베이징으로 불러들여요. 그 자리에서 마오는 학생 홍위병들에게 그들의 역할이 다하였음을, 이제 퇴장의 시간이 다가왔음을 밝힙니다. 학생 지도자 콰이다푸(蒯大富)를 비롯한 대부분의 홍위병 수뇌부들이 마오의 뜻을 받아들였습니다. 한편 마오의 명령을 거부하고 끝까지 저항한 홍위병들은 마오의 지시하에 투입된 인민해방군에 의해 제압당했죠.

훗날, 서방의 혁명가들은 그 일련의 과정에 대하여 두 번의 충격을 받아야 했습니다. 한 번은, 위대한

마오쩌둥 어록을 높이 들고 있는 홍위병.

우상이었던 마오쩌둥이 군대의 손을 빌려 학생 혁명을 끝내 버림으로써 학생 혁명을 기만했다는 사실에 대하여 충격을 받았고요. 다음으로, 중국의 그 학생 '혁명'은 애초부터 마오쩌둥의 권력욕 속에 기획된 것이었다는 사실에 대하여 다시 한번 놀라야 했습니다. 오늘날 그 혁명은 '무산계급문화대혁명', 줄여서 '문화대혁명'이라 불립니다.

문화대혁명과 홍위병

1960년대 초 공산주의 중국의 주석으로서 절대적 권력을 행사하던 일인자 마오는 이른바 '대약진운동'이라 불리는 국가주도 경제개발계획의 엄청난 실패로 위기에 봉착하게 됩니다. 이 대약진운동은 1950년대 후반부터 60년대 초까지 5년이 안 되는 기간 동안 벌어진 운동이에요. 이 운동은 원조 공산주의 국가인 소련과 중국 사이에 있었던 약간의 라이벌 의식 때문에 벌어진 면도 있는데요. 소련이 공장 위주로 공업 혁명을 해서 나라를 개조했다면 중국은 농민 주도로 농민 혁명을 해서 중국을 일으켜 보고자 했던 거죠. 하지만 모든 면에서 너무 어설펐어요.

대약진운동을 좀더 자세히 살펴보면, 첫번째로 모든 농업을 공동시스템으로 만들어요. 수확한 농작물을 개인들이 보관하면 안 되고 같이 보관해야 하고, 같이 밥 지어 먹고, 모든 밭에서 같이 일해야 했고요. 이렇게 모든 것들을 공동으로 운영하는 공동 농장을 만들었던 겁니다. 이건 소련에서도 추진했다가 한계가 분명했기 때문에 금방 그만뒀던 건데 마오는 강력하게 밀어붙이죠. 이걸 농업공동화(農業共同化)라고 하고요.

두번째로는 농민들에게 쇠를 만들게 합니다. 호미나 괭이를 끌어모아 녹여서 쇠를 만들게 했던 건데요. 이걸 토법고로(土法高爐)라고 해요. 제철소도 없이 대장장이도 아닌 농민들이 쇠를 만들다 보니 생산된 쇠의 질이 낮을 수밖에 없었죠. 그런데도 농민들이 생산한 질 낮은 쇠를 보고 마오는 매우 흐뭇해했다고 해요. 농민들이 이렇게 쇠를 만들 수 있는데 제철소를 왜 운영하냐고 하면서 말이죠. 이것도 나중에 참사로 이어집니다.

마지막으로 농업에 방해가 되는 네 가지 해로운

동물들을 없애는 제사해운동(除四害運動)을 벌여요. 그 네 가지가 뭐냐면 모기, 파리, 쥐, 참새였어요. 수많은 인민들이 동원되어서 닥치는 대로 다 잡아 죽였죠. 그런데 참새가 없어지니 메뚜기 떼가 발생해서 농사를 망쳐 버립니다. 연속된 실패가 거듭되면서 대약진운동으로 최소 2000만 명에서 최대 5000만 명 이상의 인구가 아사해요. 이 실패는 아무리 천하의 마오라도 감당이 안 되는 수준이었던 거예요.

대약진운동의 실패에서 드러난 것은 중국 간부들의 부패, 엉성하기 짝이 없던 행정 조직, 홀로 지나치게 과감했던 마오의 독단성이었습니다. 그러자 라이벌인 류사오치(劉少奇)와 덩샤오핑(鄧小平)을 위시한 공산당 내부의 수정주의자들이 공고했던 마오의 권력을 위협했고, 급기야 마오는 권력투쟁에서 밀려 주석 자리를 내놓게 됩니다. 그러나 마오는 포기한 것이 아니라 잠시 물러선 것이었어요. 그 뒤 시간이 지나 1966년, 마오는 마침내 후일 '문화대혁명'이라 불릴 참극을 통해 반격을 기도합니다.

문화대혁명은 이른바 '파사구'(破四舊)를 기치로 내걸었습니다. '깨뜨릴 파(破)', '넉 사(四)', '옛 구

대약진운동이 한창이던 1958년, 허난성(河南省)의 농민들이 흙으로 만든 용광로(토법고로)에서 쇠를 만들고 있다. 농민들이 냄비와 자전거와 같은 잡동사니로 만들어 낸 쇠는 매우 질이 낮아서 사용할 수가 없었지만, 대약진운동의 성과로 포장되었다. 대약진운동의 실패를 상징적으로 보여 주는 장면이다.

(舊)'. 풀이하자면 네 가지의 옛것을 깨뜨린다는 거죠. 그 네 가지는 옛 사상, 옛 문화, 옛 풍속, 옛 관습이었어요. 이 네 가지를 일소하자는 겁니다. 마오는 이를 통해 중국의 사회 구조와 중국인 개개인의 정신을 완전히 개조하려고 했습니다. 아직까지 남은 봉건주의의 잔재나 자본주의와 타협하려는 세력을 쓸어버리고 완벽히 새로운 혁명의 유토피아를 건설할 것을 주문했어요.

그 주문을 받든 것이 바로 중국의 학생들이었어요. 기존의 낡은 요소를 쓸어버리고 체제와 권위에 대항하라는 마오의 명령에 수많은 학생들이 호응했습니다. 전국적인 학생 조직이 결성되었죠. 이들은 마오의 옹호 아래 군대조차 건드릴 수 없는 수백만, 수천만의 준군사조직이 되었는데, 이들이 그 유명한 '홍위병'이라 불린 학생혁명군대였던 거죠. 사실 '홍위병'은 과거 마오가 이끌었던 부대의 이름이라고도 합니다.

> 부르주아 계급은 이미 타도되었지만 그들은 계급을 착취하는 오래된 구사상, 구문화, 구풍습, 구습관을 이용

홍위병에 둘러싸인 마오쩌둥과 린뱌오(林彪). 문화대혁명 당시 국방부장이었던 린뱌오는 홍위병을 동원해 마오쩌둥의 정적들을 축출하는 데 주도적인 역할을 했다. 하지만 이후 마오쩌둥에게 견제와 비판을 받았고 1971년 마오쩌둥에 대한 암살 기도가 실패한 후 소련으로 망명하던 중 사망했다.

하여 대중들을 잠식하고 인민의 마음에 침투하여 다시 복귀하려는 시도를 하고 있다. 무산계급은 정확히 그 반대로 자산계급의 이데올로기 영역에서의 일체의 도전을 정면으로 공격해야 하며 무산계급 스스로의 새로운 신사상, 신문화, 신풍습, 신습관을 이용하여 사회의 정신상태를 바꿔야 한다. 문화대혁명 16조 제1항

"이것이 혁명인가"

홍위병은 말 그대로 구세계의 모든 것을 파괴하고자 했습니다. 돈 있는 부르주아 계급, 대약진운동을 실패로 이끈 한심하고 안일한 관료들, 잘난 척하며 '자기 것'을 지키려 하는 전문가들, 부르주아적 향수를 자아내는 문화요소들, 그리고 마오쩌둥의 반대자들을 전부 싸잡아 반동분자로 몰아서 없애는 방식으로요. 홍위병에게 마오의 정적과 관료는 기본적인 제거 대상이었고요. 그 외에도 모든 종류의 지식인들과 예술가들을 닥치는 대로 거리로 끌어내어 두들기고 모욕을 준 뒤 강제 수용소로 보내어 육체노동을 하도록 강요했습니다.

문화대혁명 당시 하얼빈 시장 리판우(李范伍)의 머리를 깎고 조리돌림하는 홍위병들.

홍위병들은 공자 사당과 공자묘의 현판을 부수기도 했습니다. 공자의 유학은 옛 봉건의 잔재였으니까 혁명 세계에서는 필요 없었겠죠. 또 어린 홍위병들이 혁명에 동의하지 않았다는 죄로 하얼빈 시장 리판우(李范伍)와 같은 정치가들을 조리돌림하는 일도 비일비재했습니다. 지식인들과 정치인들 중에는 굴욕감 때문에 자살하는 경우도 많았어요. 이 당시 홍위병들이 찍힌 사진을 보면 모두 빨간 책을 들고 있는 것을 볼 수 있는데요. 이 책이 바로 『마오 주석 어록』(毛主席語錄)이에요. 어린 홍위병들은 다른 건 몰라도 『마오 주석 어록』은 반드시 들고 다녀야 했습니다. 당시에 빨간색 염료가 바닥날 정도였다고 해요. 지금도 중국 가시면 『마오 주석 어록』을 팔고 있는 걸 쉽게 보실 수 있고요.

이렇게 문화대혁명이 2~3년 동안 중국을 휩쓸면서 교수와 의사, 과학자, 예술가가 사라졌어요. 의사가 사라진 병원을 청소부와 학생들이 운영하게 했다고 하죠. 혁명 앞에 모두는 평등하다고 생각했으니까요. 그 과정에서 납치와 고문이 수없이 자행되었고 부유한 집안들은 약탈당했습니다. 그리고 어지간한 건 다 사치품으로 분류되어 지탄을 받고 폐기되었고 꽃과 애완동물마저 거리에서 불태워졌습니다. 공산당의 허가를 받지 않은 모든 음악, 연극, 전통무술, 전통문화, 전통사상, 그리고 그런 주제를 다룬 책이나 연구서들도 불살라졌습니다. 중국이 가지고 있던 위대한 구세계의 전통들이 이때 많이 단절돼요. 중국무술도 아예 명맥이 끊기죠. 지금 우리가 알고 있는 소림사 같은 건 문화대혁명 이후에 다시 만들어진 거예요. 구시대의 문화재들 또한 타깃이 돼요. 공자묘도 부쉈는데 다른 건 말할 것도 없겠죠. 한자를 만든 창힐, 삼국지의 제갈량, 명나라를 세운 주원장, 그 외에도 왕양명, 곽거병, 악비, 원숭환 등의 묘가 파괴되었어요. 홍위병들이 이런 만행을 저지르는 동안 경찰과 군대는 마오의 지시 아래서 이걸 방관하죠.

우리한테는 「인생」(1994)이라는 제목으로 알려진 장이머우(張藝謨) 감독의 영화가 있어요. 원제는 '활착'(活着)이에요. '살 활(活)', '붙을 착(着)'을 써서 어떻게든 살아간다는 뜻이라고 합니다. 이 영화에 문화대혁명 당시를 묘사하는 장면이 나옵니다. 주인공(공리 분)의 딸이 임신을 해요. 출산할 시기가 돼서 딸을 병원에 데리고 가는데 문화대혁명으로 병원 운영이 엉망이었던 거죠. 의사들은 숙청을 당하고 학생들이 환자를 보고 있었으니 병원이 제대로 돌아갈 리가 없겠죠. 그런 와중에 딸이 출산을 하고는 죽게 됩니다. 이것도 참 비극적이지만, 그나마 피가 덜 튀는 비극이었죠. 지금 동네 넝마주이인데 옛날에 어떤 지주의 첩이었다더라, 하면 그거 하나로 사람을 몰아 죽일 수도 있는 시대였어요.

이들의 '혁명'은 약 300만 명으로 추정되는 사망자와 그보다 훨씬 많은 부상자를 낳았고, 중국의 문명을 리셋해 버리는 도저히 측정 불가한 문화적 손실을 남긴 채 68년 7월 끝을 맺습니다. 철저하게 마오의 추동으로 시작되고, 마오의 명령으로 끝난 거죠. 이 과정을 통해 마오는 자신의 정치적 적수들을 모조리 제거하고, 종교와도 같은 신앙적인 통치 체제를 구축하게 됩니다. 이렇게 마오의 정치적 목적이 달성되면서, 문화대혁명은 그 쓰임이 다하게 된 것이죠. 하지만 그만하라는 마오의 지시에도 불구하고 멈추지 않고 임무를 수행하던 학생들도 있었는데요. 이들은 강제로 농촌으로 보내져 '농촌 계몽'이라는 명

홍위병들이 '만세사표'(萬世師表)라고 쓰여져 있는 공자 사당의 현판을 뜯어 내 태우고 있다. 공자를 비롯한 전통적인 사상과 관련 유적들은 모두 '파사구'의 대상으로, 문화대혁명 동안 무참한 파괴를 겪어야 했다.

목의 노역형에 처해집니다.

어처구니없는 이 모든 파괴행위는 구세계와의 결별로서 '혁명'의 이름으로 행해졌습니다. 이 사실은 후일 새로운 질서를 갈망하는 모든 이들에게 적들의 조롱과 더불어 고통스러운 고뇌와 의심을 안기기에 충분했습니다. 오늘날 우리나라에서도 사회 변혁 세력에 대한 경멸조의 욕설 같은 게 '홍위병'이라는 표현이지요. 프랑스의 68년 5월을 보며 누군가는 황홀한 목소리로 혁명에 대해서 경의를 표했습니다. "바로 이것이 혁명이다!"(에르네스트 만델Ernest Mandel) 한편 중국의 68년 7월을 보며 누군가는 비통하게 가슴을 쥐어뜯었습니다. "과연 이것이 혁명인가?" 하지만 이 상반된 반응은 동전의 양면 같은 것이었습니다. 마오의 명령에 서구의 수많은 학생들이 매혹된 데서 알 수 있듯 파리의 학생들과 중국의 홍위병들은 최소한 구세계를 극복해야 한다는 비전을 공유했습니다. 파리의 5월은 상황의 흐름에 따라 얼마든지 문화대혁명이 될 수도 있었죠.

문화대혁명 앞에서 68의 모든 혁명가들은 '어떤 방식으로 구세계를 청산할 것인가?'라는 질문에 답해야 했습니다. 문혁처럼 파괴가 해법인가, 그것이 우리가 바라던 것인가? 그 질문은 점차 조여들기 시작해, 곧 토론의 시간조차 주지 않고 그들을 몰아붙였습니다. 그리고 그 막바지에 이르러, 또다시 동방, 중국보다도 유럽에서 더 먼 동쪽 끝에서 68혁명 최후의 토론 중 하나가 벌어집니다. 일본의 도쿄대로 가 봅시다.

2. 연대를 구하여 고립을 두려워하지 않는다 : 극우와 극좌, 두 극단의 탈주자들

1945년 패전국이었던 일본은 20년 만에 재건에 성공을 합니다. 여기에는 한국전쟁과 미군의 영향이 있었어요. 한국전쟁 당시 일본은 한국에서 싸우는 미군의 군수기지 역할을 하면서 그로 인한 반사이익을 누리며 빠르게 국가 재건에 성공합니다. 물론 그렇다고 일본이 또다시 전쟁을 할 수 있는 능력을 갖추었다는 건 아닌데요. 왜냐하면 당시 일본에는 2차 세계대전 패전 후 미국에게 통치당할 때 제정된 '평화헌법'이 이미 자리 잡았기 때문이에요. 이 평화헌법은 일본의 전쟁 능력을 억제하기 위한 것이었고 이후 일본의 젊은 세대는 이 평화헌법의 영향을 받아 전쟁을 경계하는 '평화교육'을 받고 자라게 됩니다. 그런데 60년대 후반, 평화교육을 받고 자란 일본의 젊은이들이 유럽의 학생 혁명에서 젊은이들이 보여 준 것과 유사한 반응을 보이기 시작해요. 당시 일본의 기성세대들이 일본을 첨단의 자본주의 국가로 탈바꿈시키고, 물질적으로 풍요로운 사회를 건설하는 데 열을 올리는 동안 사회는 위선과 부패로 썩어 들어가고 있었죠. 이런 것들을 보면서 일본 젊은이들은 기성세대를 향해 문제를 제기하기 시작합니다. '일본의 기성세대는 과거 세계대전에서 평화라는 가치에 반해서 참혹한 일들을 많이 저질렀는데 왜 그 부분에 대해서 아무런 반성이 없는가'. 그리고 과거의 전쟁에서 교훈을 얻지 못하고 왜 다시 '미국과 소련의 냉전에 끼어들어서 전쟁 속으로 뛰어들려 하는가'라고 분노한 거죠.

전공투의 탄생

이러한 분노로 인해 60년대 일본은 그 어느 나라보다도 격렬한 학생운동의 중심지였습니다. 미국의 냉전에 가담하는 것을 반대하는 '안보투쟁'이 일본의 학생운동을 촉발시켰죠. 처음에 이 학생들은 주로

'전일본학생자치회총연합'이라 불리는 대학 자치기구들의 연합체를 기반으로 활동했어요. 흔히 '전학련'이라는 줄임말로 불리는 이 연합체는 군사적이고 수직적인 조직 구조를 가지고 있었습니다. 이렇게 권위주의적이고 경직된 분위기는 적지 않은 학생들의 반발을 살 수밖에 없었죠. 이런 상황에서 유럽 68혁명의 여파가 일본에까지 미쳐 보다 평등하고 탈권위주의적인 학생 연합체의 탄생으로 이어집니다. 이것이 바로 일본의 '전국학생공동투쟁회의', 이른바 '전공투'입니다.

전공투는 "연대를 구하여 고립을 두려워하지 않는다"(連帯を求めて孤立を恐れず)라는 시인 다니가와 간(谷川雁)의 글을 자신들의 모토로 삼았습니다. 이들은 근대와 제국주의 질서를 재생산하는 '대학-기존 세계'와 그에 속한 '대학생-기성 구조 속의 인간'으로서의 자신들을 부정했어요. 그 대신, 고립된 개개인들의 윤리 속에서 새로이 연대를 쌓아 올려 세계를 변화시키려 했던 거죠. 개인의 주체성과 연대의 힘을 함께 가져가는 것이 세계에 도전하는 그들의 원리였습니다. 때문에 그들은 중심과 주변부가 확실한 기존

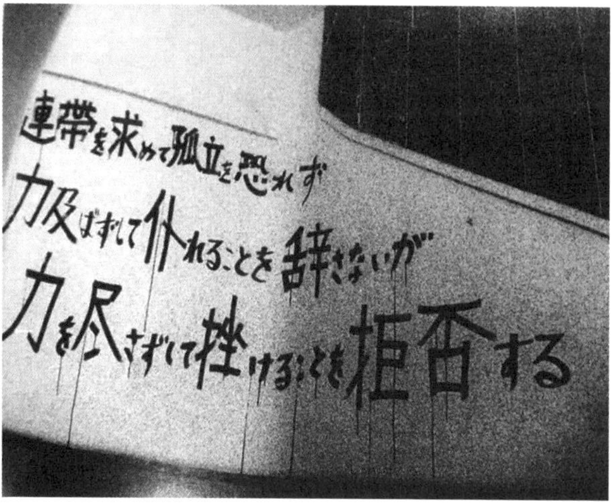

점거 중이던 도쿄대학교 야스다 강당 벽에 쓰인 문구. 다니가와 간의 글에서 따온 것으로 “연대를 구하여 고립을 두려워하지 않는다. 힘이 미치지 못해 쓰러지는 것은 사양하지 않으나, 힘을 다하지 않고 꺾이는 것은 거부한다”(連帯を求めて孤立を恐れず. 力及ばずして倒れる事を辞さないが, 力尽くさずして挫けることを拒否する)라고 적혀 있다.

조직의 특성을 거부했어요. 전공투는 여러 대학들의 자율적이고 수평적인 연합체로서 자유로이 의사를 교환했으며, 거리로 나서서 행동할 때면 지도부 없이 일사불란하게 흩어져 움직여서 경찰들을 곤혹스럽게 만들기도 했죠. 게릴라처럼 도시 전체로 흩어져서 경찰과 정권에 항거하면서 운동을 확산시켜 갔습니다. 1968년 말 즈음에는 30개가 넘는 대학이 전공투의 바리케이드에 의해 봉쇄되어 있었습니다.

구세계와 결별하는 방법 : 전공투와 미시마 유키오

전공투가 기세를 더해 가던 어느 날, 전공투에게 한 작가가 대담을 요청합니다. 그의 이름은 미시마 유키오(三島由紀夫)입니다.

> 나와 제군들의 정치사상은 정반대라고 합디다. 정말 정반대겠지만, 단지 나는 지금까지 일본 지식인들이 사상과 지식에 힘이 있다고 생각하고 그것만으로 사람들 위에 군림하는 모습이 지긋지긋하게 싫었습니다. […] 전공투 제군이 한 일들을 전부 긍정하지는 않지만, 다이

전공투가 점거투쟁을 벌였던 도쿄대학의 야스다 강당. 건물은 점거 사건 이후 개보수를 거쳐 여전히 사용되고 있지만, 건물 전면의 불에 탄 흔적은 상흔처럼 남겨져 있다.

쇼 시대의 교양주의로부터 이어진 우쭐대는 지식인들의 콧대를 꺾었다는 공적은 절대적으로 인정합니다. 미시마 유키오 외, 『미시마 유키오 對 동경대 전공투 1969~2000』, 김항 옮김, 새물결, 2006, 23쪽

미시마 유키오는 『설국』으로 유명한 가와바타 야스나리(川端康成)의 제자입니다. 세련되고 아름다운 스타일의 문장을 쓰는 걸로 유명했던 작가이고, 평소 천황이 중심이 되는 일본의 부활을 주장하였기에 오늘날 보기에는 극우파라고도 부를 수 있는 인물입니다. 그런 미시마가, 세간이 보기에는 극좌파인 전공투에게 일대다의 대담을 신청한 겁니다. 그런데 도쿄대에서의 이 격렬한 토론은 실로 뜻밖의 결과를 낳습니다. 미시마와 전공투는 구세계에 대한 서로의 인식에 많은 부분을 공감했어요. 고성과 욕설이 오갈 것이라 예상되었던 토론은 시종일관 진지한 분위기 속에서 인간과 역사와 시공과 예술의 문제를 아우르며 진행됩니다.

미시마는 당대의 일본을 '인간과 역사가 끝나 버린 세계'로 정의합니다. 일본은 세계대전에서 학살

ANP scans 8ANP 222

1970년 11월 25일. 자위대 건물 옥상을 점거하고 연설하는 미시마 유키오. 연설 후 미시마 유키오는 할복 자살로 생을 마감한다. 전공투 역시 분열과 이탈로 와해되기에 이르렀고, 일부 극단주의자들만 남아 미시마 유키오와 비슷한 '죽음의 길'로 나아가게 된다.

을 자행했지만, 그 죄를 직시하고 인간 존재에 대하여 회의하고 부정하고 고민하는 대신 평화로운 시대의 장인과 장사꾼이라는 가면을 쓰고 어느새 물질적 풍요를 되찾았다는 겁니다. 가면을 뒤집어쓰고 있기에 '인간'에 대한 사고가 더 이어지지 않겠죠. 이 풍요의 시대는 계속해서 현재의 상태만을 유지하려 하기에 '역사'에 대한 사고도 끝나 버렸고요. 인간과 역사를 생각하고 있지 않기에 더 이상 예술과 정치는 불가능해지는 겁니다. 그렇기에, 인간이 아닌 신적 존재인 천황을 부활시켜 다시 인간과 역사에 대한 사고를 시작해야 한다는 것이 그의 주장입니다.

전공투는 그에 맞서 '인간과 역사는 처음부터 존재하지 않았다'고 주장합니다. 오직 끊임없이 윤리적으로 고뇌하며 투쟁하는 주체인 나와, 그 투쟁하는 주체가 존재하는 공간으로서 세계가 있을 뿐, 무언가 특별한 존재로서의 '인간', 특별한 시간성으로서의 '역사' 따윈 없다고 맞선 거죠. 이 시대에는 인간과 역사가 부재하는 건 맞지만, 그건 멈춘 것이 아니라 처음부터 존재하지 않았기 때문이라고 말입니다. 따라서 신적 천황을 부활시켜 일본의 뿌리부터 인간을 사고한다는 건 이들이 볼 때, 망상일 뿐이었습니다.

이러한 차이에도 불구하고 이들은 구체제, 즉 지금의 일본이라는 국가가 쓸모없는 존재이며 그것을 폐기시켜야 한다는 점에서는 의견이 일치합니다. 전공투는 그 점을 들어 미시마에게 자신들과 연대할 것을 권유하죠. 미시마는 전공투에게 천황이란 존재를 인정하기만 하면 당신들과 함께하겠다고 받아치고요. 결국 그들은 그 차이를 확인한 채 실소하며 토론을 마칩니다.

그 뒤, 그들은 각자 어떻게 구세계와의 결별에 나섰을까요. 미시마 유키오는 그로부터 2년도 지나지 않은 1970년, 자위대 본부에 쳐들어가 천황을 부활시킬 것을 주장하다가 할복 자살합니다. 전공투는 행동 노선을 두고 내부투쟁을 거듭합니다. 수평적 조직이었기 때문에 내부에서 의견 충돌이 생기면 조율하기가 어려웠어요. 그러다 보니 수많은 학생들이 이탈했고, 전공투 조직은 거의 와해되기에 이릅니다. 결국 극단주의자들만이 마지막까지 남아 폭력적인 테러리즘 조직으로 변모해 자멸합니다. 미시마와 '최후의' 전공투들은 서로를 등지고 구세계를 벗어나기 위한 저마다의 탈주선을 따라 달려 나갔지만, 도착한 곳은 서로 같았다고 보아야겠죠. 나란히 죽음에 이르렀으니까요.

3. '너희를 파괴하는 것을 파괴하라' : 바더-마인호프와 죽음의 탈주

"필요하다면 총을 쏠 것이다"

전공투의 잔재라 할 수 있는 테러리즘 조직 가운데 널리 알려진 이들로 일본 적군파(정식 명칭은 '공산주의자동맹적군파')라는 조직이 있습니다. 항공기를 납치하거나 중동 지역으로 가서 반미 테러리즘 조직과 연합하는 등 과격한 행보를 되풀이하다 후일 산장에서 농성을 벌이며 30여 명의 사상자를 내고 전멸당한 조직인데요. 유럽에서도 이들과 연합하려 한 이들이 있었습니다. 바로 서독 적군파, 일명 '바더-마인호프'(Baader-Meinhof) 그룹입니다.

안드레아스 바더(Andreas Baader)는 이미 68혁명 당시 과격한 학생운동가로 널리 알려진 인물이었습니다. 그는 연인인 구드룬 엔슬린(Gudrun Ensslin)과 함께 두 곳의 백화점에 테러를 시도해 체포되었다가 69년에야 가석방됩니다. 그러나 70년 초 재차 체포되어, 이번에야말로 감옥에서 썩게 될 위기에 처하는데요. 그런 그에게 찾아온 것이, 울리케 마인호프(Ulrike Meinhof)입니다.

울리케 마인호프라는 이름은 68년의 독일에서 주로 여성운동의 흐름과 함께 나타납니다. 그녀는 학생 시절부터 학생운동의 중심에 있었습니다. 이미 20대에 좌파 시사평론지 『콘크레트』(*Konkret*)의 기자이자 사회 비판적 TV프로의 대본작가가 되어 언론인으로서 확고한 입지를 다지고 있었죠. 68년에 그녀는 이미 쌍둥이의 어머니였습니다. 하지만 그 사실은 그녀가 혁명에 투신하는 것을, 혁명 대열 속에도 존재한 여성 억압의 문제들에 맞서는 것을, 남편과 이혼하는 것을, 그리고 무엇보다도 독일 학생운동의 리더 루디 두취케(Rudi Dutschke)에 대한 암살 기도를 목도하고 좀더 '과감한' 행동을 결정하는 것을 막지 못했습니다.

바더-마인호프 그룹의 대변인 역할을 맡았던 울리케 마인호프. 안드레아스 바더의 탈출 사건을 계기로 저명한 언론인에서 '테러리스트 조직'의 일원으로 활동하게 된다.

1970년 5월, 울리케 마인호프는 저명한 언론인의 자격으로 '테러리스트' 안드레아스 바더에 대한 인터뷰를 하겠다는 요청을 하고, 정부 당국은 그것을 허가합니다. 인터뷰는 시 외곽의 사회과학 연구소에서 이루어졌는데요. 울리케 마인호프는 그것을 기회로 삼아 안드레아스 바더를 탈출시키고, 바더의 조직에 가담합니다.

2008년 제작된 독일의 세미 다큐멘터리 영화 「바더 마인호프 콤플렉스」는 그 인터뷰 현장을 다음과 같이 묘사합니다. 울리케는 바더의 동료들에게 탈출을 돕겠다는 협력을 약속하고 인터뷰를 잡지만, 처음 그녀가 약속한 건 어디까지나 그들에게 '기회를 주는 것'뿐이었다고 합니다. 원래대로라면 그녀의 역할은 아무것도 모른 채 놀라 굳어 버린 언론인을 연기하는 것까지였고, 그 뒤 바더와 그 동료들이 성공하건 실패하건 그녀와는 상관없는 일일 터였죠.

바더의 동료들은 성공적으로 바더를 탈출시키지만, 그 와중에 무고한 연구소 경비 한 사람을 살해하고 맙니다. 카메라는 세 개의 화면을 번갈아가며 비춥니다. 울리케 마인호프의 떨리는 눈동자, 바더

영화 「바더 마인호프 콤플렉스」에서 안드레아스 바더의 탈출 장면은 극적으로 묘사된다. 카메라는 울리케 마인호프(마르티나 게덱 분)의 눈빛(위)과 바더와 동료들이 빠져나간 창문(아래)을 교차하여 보여 주는데, 영화 속 마인호프는 망설임 끝에 바더와 동료들을 따라 창문을 넘는다. 이후 각종 테러로 독일에 거대한 상처를 남긴 바더-마인호프 그룹이 시작되는 순간이다.

와 동료들이 빠져나간 뒤 열려 있는 창문, 죽어 가는 경비원, 다시 울리케, 다시 창문. 그리고 울리케 마인호프는, 처음 계획했던 바와는 달리 바더의 그룹을 따라 창문을 넘어 사라집니다. 바더-마인호프 그룹의 탄생이었습니다. 이후 울리케 마인호프는 그룹의 '입'으로서 그룹의 모든 성명을 전달합니다.

> 우리의 입장 : 제복을 입은 자들은 인간이 아닌 돼지이므로, 돼지로 취급할 것이며 그들과 타협하지 않을 것이다. 그들과 대화하는 것은 옳지 않은 일이다. 물론 필요하다면 그들에게 총을 쏠 것이다. 총이 말해 줄 것이다. 물론 우리의 작전 중에 때로는 적들이 승리하겠지만, 가장 중요한 순간들에는 우리를 이기지 못할 것이다. 우리의 성공은 역사에 남을 것이다. 울리케 마인호프의 성명문. 울리 에델, 「바더 마인호프 콤플렉스」 중에서 인용.

바더-마인호프 그룹이 남긴 공포

"너희를 파괴하는 것을 파괴하라!" 이것이 그들의 구호였습니다. 그들은 나치 독일의 과오를 직시하지 않으면서 냉전이라는 새로운 전쟁에 뛰어들려 하는 정부, 무한경쟁과 자본주의적 소외로 인간을 짓누르는 사회, 제3세계에 대한 식민주의적·제국주의적 착취에 대항해 도시의 게릴라로서 전쟁을 선포합니다. 이후 안드레아스 바더와 울리케 마인호프는 수차례의 테러 활동을 성공시키며 독일 사회를 공포에 떨게 만들었습니다. 그러나 1972년, 두 사람을 포함한 1세대 적군파 전원은 결국 경찰에 체포되고 말죠. 호르스트 말러(Horst Mahler) 한 사람을 제외하고는 모두 감옥에서 자살한 것으로 알려져 있고요(실제 자살인지 타살인지는 논쟁의 여지가 있습니다). 유일하게 살아남은 말러는 훗날 네오 나치로 전향합니다.

바더-마인호프 그룹은 서방의 그 어떤 좌파 테러리스트보다 거대한 흉터를 독일 사회에 남깁니다. 그들은 은행을 털어 자금을 마련했고 그 돈으로 미군 사령부와 경찰서에 테러를 가했습니다. 고등법원 판사와 검사장, 경제단체 회장을 유괴해 살해하고, 두 대의 항공기를 납치하기까지 하죠. 이런 테러로 인한 직접적인 공포 외에도, 그들은 독일 정부로 하여금 거대한 대국민 감시망을 운영할 명분을 주게 됩니다.

전산화된 새 신분증이 만들어지고 무슨 일을 하건 신분증이 필요하게 됩니다. 대테러전담부대 GSG-9이 창설되고요. 연방 수사국이 독일의 모든 경찰력을 총동원하고 국경마저 틀어막는 선례를 남깁니다.

이들이 체포된 뒤에도 비극적인 사건이 벌어집니다. 바로 '검은 구월단'이라는 단체가 1972년 독일의 뮌헨 올림픽 당시 이스라엘 국가대표 선수촌을 점거, 인질극을 벌이고 인질 9명 전원을 살해한 사건인데요. 검은 구월단은 팔레스타인 독립을 요구하는 팔레스타인의 민족주의 테러리스트 집단이었는데, 바더-마인호프 그룹과 연대하고 있었어요. 그래서 이들의 요구 중에는 바더-마인호프 그룹을 석방하라는 것도 있었고요. 결국 이들은 이 과정에서 죽거나 생포됩니다.

구세계를 파괴하려 했던 바더-마인호프 그룹은 독일인들에게 진정한 경찰국가가 된다는 게 무엇인지를 가르쳐 줍니다. 또한 1세대가 전멸한 뒤로도 80년대를 넘어 90년대까지 이어진 테러리즘의 공포를 독일에 심었죠. 그들이 상상했던 것과는 정반대의 방식으로 독일을 새로이 태어나게 한 겁니다.

David Endy Eldan(https://commons.wikimedia.org/)

이스라엘 로드 공항(현 벤구리온 공항)으로 운구된 뮌헨 학살의 희생자들과 추모 인파.

4. 구세계여 안녕히

1998년쯤 되면 독일 적군파는 씨가 마릅니다. 이들은 활동을 중단하고 로이터 통신에 장문의 글을 보냅니다.

> 적군파(RAF)는 해방투쟁 속에서 1970년 5월 14일 탄생하였다. 오늘 우리는 이 계획을 종결한다. 이제 적군파의 조직으로 진행되었던 도시 게릴라는 역사 속의 한 장이 되었다. 적군파는 나치로부터 해방되고도 나치의 과거를 청산하지 못하는 국가에 대항해 투쟁을 시작하였다. 무장투쟁은 권위적 사회형태와 소외와 경쟁에 대한 반항이었고 다른 사회적 문화적 현실을 실현하기 위한 행동이었다. 세계적으로 불기 시작한 해방의

바람 속에서 사이비 합법 체제를 거부하고 극복하기 위한 단호한 투쟁의 시간이 무르익었던 것이다. 그러나 80년대에 좌파가 그 한계에 도달하고 붕괴하기 시작했을 때 적군파를 새로운 기획에 연관시키려는 우리의 노력은 비현실적이었다. 적군파의 오류는 불법적 무장투쟁 외에 어떠한 정치 사회적 조직도 구축하지 못했다는 데 있다. 이런 기획의 부족은 적군파가 미래의 해방과정에서 아무런 영향도 미칠 수 없음을 보여 준다. 현재의 세계는 우리가 혁명을 시작했을 때보다 더 악화되었다. 이에 대해 우리가 적절한 대답을 발견하지 못한 것은 우리가 저지른 오류들보다 더 심각한 일이다. 적군파는 해방의 대답이 아니라 하나의 관점이었다. 그럼에도 해방된 인간의 세계에 대한 무수한 질문들은 여전히 남아 있다. 미래의 해방계획은 여러 주체와 관점과 내용의 다양성을 고려해야 한다. 우리는 상이한 개인이나 사회그룹들이 주체가 될 수 있으며, 그럼에도 불구하고 함께 공동체를 구성할 수 있게 하는 새로운 이념이 필요하다. 이런 점에서 68년 이래 독일 좌익의 구상은 새로운 해방의 기획이 될 수 없다. 1998년 4월 20일, 독일 적군파가 로이터 통신에 보낸 「해체 선언문」(김남시, 「독일적군파 RAF에 대한 레포타

주」[https://blog.daum.net/southclock/43696]에서 재인용)

세계를 바꾸려는 혁명에 있어 구세계를 마주하는 것은 필수불가결합니다. 1968년, 세계의 혁명가들은 각자의 방식으로 구세계를 극복하려 했습니다. 그중에서도 가장 철두철미하게 구세계의 파괴를 꿈꾸었던 흐름들이 있었고, 그 흐름들은 예외 없이 그들 자신 또한 파괴했죠. 그들은 구세계를 떠나 새로운 길을 개척했지만 그 길 위에서 새로운 삶을 창조하기보다 오직 옛 삶을 파괴하는 데에만 골몰했습니다. 그들의 탈주선은 파괴적 죽음의 선을 따라 흘렀다고 할 수 있습니다. 그들이 파괴하고자 한 구세계는 한층 더 뒤틀린 형태로 더욱 공고해졌습니다. 그러한 '끝'이, 혁명에 가담했던 수많은 사람들로 하여금 혁명을 회의적으로 바라보게 했습니다.

허나 우리는 또 다른 탈주의 선들에 대해서도 이야기해야 합니다. 일본에서 전공투가 와해되어 갔을 때, 떠나간 이들 가운데서는 모든 걸 접어 버린 이들도 있었지만 다른 것을 만들어 내고자 한 이들도 있었습니다. 이들은 일본의 수많은 공동체 운동의 주역

每日新聞(https://en.wikipedia.org/)

일본 적군파 조직원들이 농성 중인 아사마 산장. 전공투 운동이 잦아들면서 극단적인 테러리즘을 지향하는 세력들이 등장했다. 그중 잘 알려진 조직인 적군파는 조직원들을 대상으로 린치와 살해 등의 행위를 벌였다. 특히 이들이 총으로 무장하고 벌인 아사마 산장에서의 인질 농성은 일본 전역에 중계되면서 일본 사회에 큰 충격을 주었다.

이 되었죠. 독일의 바더-마인호프 그룹이 죽음을 향해 방향을 잡았을 때, 그들과 68의 대열에 섰던 이들 가운데는 전혀 다른 것을 향한 탈주로를 밟았던 이들도 있었습니다. 그들은 지속적으로 과거 전쟁에 대한 반성의 메시지를 자국 사회에 울려 퍼지게 했고, 그 끝에 결국 독일 수상 빌리 브란트(Willy Brandt)가 폴란드 바르샤바 게토에서 유대인 추모비 앞에 무릎을 꿇음으로써 해묵은 원한에 대한 화해를 가능하게 했지요.

다음 시간에는 구세계를 철저하게 파괴하기보다는 이 세계의 바깥에서 다른 것을 가져옴으로써 이 세계를 바꾸려고 했던 흐름에 대해서 이야기를 해 보려고 합니다.

두번째 강의

사랑과 평화와 꽃의 이름으로

—

히피의 기획들 : 외부로부터 온 지혜

지난 시간 우리는 68의 흐름 속에 세계와 삶의 변혁을 위해 구세계의 철두철미한 절멸을 꿈꿨던 파괴자들의 기획에 대하여 이야기했습니다. 중국의 문화대혁명, 일본의 전공투, 독일 적군파 바더-마인호프 그룹. 이들은 옛것의 파괴에만 골몰한 나머지 새로운 삶을 창조하지 못했고, 결국 스스로 죽음의 선을 타는 결말을 맞이했습니다.

이번 강의에서는 이들과는 조금 다른 방식으로 세계와 삶을 변혁하고자 했던 또 다른 흐름에 대하여 이야기하려고 합니다. 이 '탐구자'들은 구태여 구세계에 직접 맞서 파괴하려 들지 않았습니다. 구세계의 질서를 옹호해서가 아니라 이것을 극복하기 위해서는 좀더 효과적인 방식으로 힘을 쓰는 길이 있다고 믿어서였는데요. 그들은 그 시대의 지평, 보통 우리가 '현실'이라고 부르는 당대의 세계관 바깥에서 삶의 지혜를 발굴하는 데 몰두했습니다. 물질문명 대신 정신적 가치를, 서구의 이성보다 동양의 영성을, 도시정착민의 삶보다 원시 부족의 삶을 찾아 헤맸습니다. 이 탐구자들의 이름은, 히피(The hippie)였습니다.

1. 패배자에서 힙으로

비트 세대의 영향을 넘어

'히피'라는 이름이 정확히 어디서 유래한 것인지는 알려진 바가 없습니다. 혹자는 그 이름의 어원을 '행복'(happy)에서, 또 누군가는 열중했거나 분노한 상태를 뜻하는 '히프트'(Hipped)에서, 혹은 재즈 용어로 가락을 맞춘다는 뜻인 '힙'(Hip), 엉덩이라는 뜻의 '힙'(Hip), 박수갈채를 보낼 때의 의성어인 '힙'(Hip) 등에서 찾기도 하는데요. 이처럼 불분명한 그들 이름의 기원과 달리, 이들이 '비트 세대'(Beat generation)라 불리는 아웃사이더 선배들의 영향을 받았다는 것만은 분명합니다.

'비트 세대', 즉 '패배자 세대'로 불리는 이들은 제2차 세계대전과 그 이후 급격히 세를 불린 자본주의 시대의 허무 속에서 방황하던 예술가들 및 이탈자들을 의미합니다. 주로 미국 뉴욕과 샌프란시스코 일대를 근거지로 삼았으며, 이들 중에는 '개인주의적'이고 '무정부주의적'인 성향의 예술가들이 많았다고 합니다. 이들은 현대 산업사회와 그에 붙들린 대중들이 검열과 획일성을 앞세워 개개인의 삶을 억압한다고 보았습니다. 이에 다소의 불편을 감수하더라도 기성 사회로부터 이탈하여 물질적 가치와 구분되는 각 개인의 정신적 성취를 이루는 것을 목표로 삼았지요. 재즈, 약물, 선불교 등이 이들이 활용한 수단이었어요. 유대계 동성애자 시인 앨런 긴즈버그(Allen Ginsberg)나 소설가 잭 케루악(Jack Kerouac) 등이 이들 사상의 핵심을 이루는 인물들이었고요.

그리고 히피는 이들 비트 세대의 특성을 어느 정도 이어받으면서도 그 규모로 보나 아우르는 사상의 범위로 보나, 비트 세대보다 훨씬 더 거대한 물결을 형성했다고 할 수 있습니다. '히피'라는 단어는 1950년대 말부터 1960년대 초에 이르는 기간에 서

서히 등장했는데요. 저 유명한 '1967년 사랑의 여름'이라고 불리는 사건을 통해 마침내 미국 전역에 이름을 알립니다. 67년 당시 무려 10만 명의 젊은 히피들이 샌프란시스코 일대에 집결했고, 그 외 미국 전역의 도시들과 유럽의 일부 도시들에서도 동시다발적인 히피들의 집회가 열렸습니다. 수많은 젊은이들이 로큰롤, 반전과 평화, 공동체, 친환경 등의 구호를 외치며 기성세대를 충격으로 몰아넣었죠. 이런 구호를 내걸고 이 정도 규모의 젊은이들이 동시에 움직인 운동은 유례가 없었습니다. '사랑의 여름' 이후에는 거의 모든 미국인들의 뇌리에 단순한 '날라리'가 아닌 '히피'라는 이름과 이미지가 각인되었습니다.

나를 재발견할 수만 있다면

히피는 비트 세대가 그랬듯 현대 산업사회와 대중이 행하는 개인에 대한 검열과 억압을 경계했습니다. 하지만 그에 직접 맞서 싸우기보다는 기성 사회에서 이탈하여 자신들의 가치를 구현할 수 있는 방법을 찾고자 했어요. 그래서 히피들은 비트족이 활용했던 수단

1950년대 뉴욕을 중심으로 활동했던 비트 세대의 대표적인 작가들. 왼쪽부터 루시엔 카(Lucien Carr), 잭 케루악(Jack Kerouac), 앨런 긴즈버그(Allen Ginsberg), 윌리엄 버로스(William S. Burroughs).

인 재즈와 약물, 동양 철학 등을 가져오면서도, 한편으로는 기독교 신비주의, 아메리카 인디언의 원시종교, 인도의 베다 철학 등을 끌어들이기도 합니다. 채식주의, 나체주의, 때때로 집단 난교를 포함하는 자유로운 성생활과 소규모 코뮨 생활 등을 실제 삶 속에서 실천하기도 하죠. 교회 찬송가에서 들을 법한 '사랑과 평화'(Love & Peace)라는 단어의 조합을 자신들의 핵심 슬로건으로 내세우면서 한편으로는 사이키델릭 음악이나 LSD처럼 목회자들이 치를 떨 만한 수단들을 향유합니다. 이들 중에는 외딴 오지에 숨어들어 공동생활을 하는 이들이 있는가 하면, 샌프란시스코 등 대도시 도심에서 히피를 상징하는 꽃을 머리에 달고 군경과 대치하며 반전운동을 벌인 이들도 있었습니다.

이처럼 히피들은 비트 세대에 비해 하나로 정의하기 어려운 부류였다고 할 수 있습니다. 그 이유는 이들이 구세계를 극복하기 위해 실로 다양한 수단을 활용했기 때문입니다. 기성 사회의 억압된 질서와 관습적인 도덕을 해체하고 자기 자신을 재발견해 새로운 영성에 이를 수 있다면 그 무엇이든지 말입니다.

Bryan Costales(https://en.wikimedia.org/)

1967년 여름 샌프란시스코 하이트애시버리에 모인 히피 군중 앞에서 공연하고 있는 록그룹 제퍼슨 에어플레인(Jafferson Airplane). 10만에 달하는 젊은이들이 모여 '사랑과 평화'를 외쳤던 이 행사는 '히피'라는 이미지가 대중들에게 깊이 각인되는 계기가 되었다.

심지어 이들은 그 '지혜'를 손에 넣을 수만 있다면 서구세계 바깥으로 나가는 것도 망설이지 않았습니다. 인도나 중앙아시아의 오지를 헤매며 오늘날까지 이어지는 '영적 관광'의 명소들을 만들어 낸 것도 이들이었죠. 이와 같은 히피들의 분방한 탐구 방식 때문에, 그들은 60년대 말 미국 사회에서 분명한 두각을 드러내면서도 어떤 통일된 사상이나 정돈된 결사체로 포착되지 않았습니다. 그들은 대개 '스타일'로, '반-문화'(Counterculture)로 포착되었습니다.

2. 반-문화로서의 히피와 우드스탁

반-문화적 스타일

68혁명을 전후로 특히 미국에서 수없이 벌어졌던 민권운동이나 인종차별 반대시위의 주자들과는 달리, 비트 세대나 히피는 어떠한 특정한 집단 혹은 어떤 특정한 사안을 대상으로 저항하지 않았습니다. 그들은 기성 사회에서의 이탈을 통해 자신들만의 문화를 영위하는 방식으로 기성 사회 문화 전반에 대해 저항했습니다. 그들이 반-문화로 포착되는 이유가 여기에 있습니다.

그렇다면 반-문화는 정확히 어떻게 스스로를 드러낼까요? 문화는 그 사회의 양식과 정신적인 의식

체계를 아우르는 개념입니다. 그런 점에서 반-문화는 기성 사회의 문화와 '모든 것이' 달라야 합니다. '딱 보는 것만으로도' 기성 사회와는 다름을 알아챌 수 있어야 하는 거죠. 그런 까닭에 보통 히피를 설명하기 위해서는 이런저런 말로 설명하는 것보다 간단히 이미지 몇 장을 보여 주는 것이 쉽습니다.

그 특징적인 스타일만으로도, 우리는 그가 히피임을 알아볼 수 있습니다. 또한 그 스타일로 인해 한눈에 그가 히피임을 알아본 기성 사회의 구성원은 거기서 느끼는 이질감을 어떠한 형태로든 표출하게 됩니다. 반-문화적 스타일과 그것이 불러일으키는 기성 사회의 역반응, 어떤 의미에서는 이 두 가지야말로 히피라는 집단을 규정한다고 할 수 있습니다. 그리고 그런 충돌이 가장 거대한 형태로 드러난 사건이, 68혁명의 피날레로도 불리는 1969년의 우드스탁 페스티벌(Woodstock Festival)입니다.

68혁명의 피날레, 우드스탁 페스티벌

우드스탁 페스티벌은 1969년 8월 15일부터 8월 18

히피 스타일을 몇 마디 설명으로 규정하기는 어렵지만, 그것을 보는 순간 그것이 기성의 질서에서 어긋나 있는 반-문화적 스타일임을 알아보는 것은 어렵지 않다.

일까지 나흘에 걸쳐 뉴욕 주 우드스탁 지역에서 벌어진 역사상 최초의 락 페스티벌이었습니다. 소란과 무질서를 걱정한 주민들의 반발과 정부의 규제 속에서도 약 73만 평에 달하는 텅 빈 농지에 무대를 설치하여 열린 행사였죠. 음향 장비는 물론 화장실이나 식수 시설조차 제대로 준비되지 않은 텅 빈 땅에서 열렸음에도 당대 이름을 날리던 밴드 32팀이 낮밤을 가리지 않고 무대에 올랐습니다. 미국 전체에서 몰려든 30~40만에 달하는 히피들이 일대에 숙영까지 하면서 참가했죠. 어마어마한 흥행을 기록했다고 합니다. 히피들은 마치 인도의 구루에게서 지혜를 구하듯 이번에는 음악과의 일체감에서 자신들을 재발견할 지혜를 찾기 위해 우드스탁으로 순례해 왔습니다. 이때의 공연 실황 영상들과 수많은 사진들은 아직까지도 인터넷에서 쉽게 찾아볼 수 있는데요. 하나같이 스타일로서의 히피가 무엇인가를 한눈에 알아볼 수 있도록 해줍니다.

땅 위에는 노랑, 파랑, 빨강 등 알록달록 총천연색의 텐트들이 1~2인용 소형부터 크고 화려한 것까지 수백 개

[아래 사진] James M. Shelley(http://en.wikimedia.org/)

1969년 8월에 열린 우드스탁 페스티벌에 모인 젊은이들.

가 빼곡히 자리 잡고 있었고 그 사이에는 장대 위에 누런 캔버스 천을 씌워 세운 간이매점들이 친절한 파수꾼들처럼 골고루 포진해 있었다. 부지 가장자리에는 승용차, 픽업트럭, 화려한 사이키델릭 패턴으로 채색된 버스 부대가 드문드문 주차되어 있었다. 그리고 50만 명의 인파가 남은 공간 전체를 채우고 있었는데, 그 모두가 광대하고 화려한 한 폭의 카펫을 이루는 총천연색 색실처럼 서로 엮여 있었다.

이 환하게 웃는 얼굴들의 바다 속에서 사람들은 기타를 치고 노래를 불렀다. 함께 노래하는 목소리가 사방에서 상상 가능한 모든 언어로 들려왔다. 기타를 치지 않는 이들은 쇠붙이를 재활용하거나 나무, 천 따위로 조악한 악기를 급조했다. 온갖 싸구려 장신구, 신문, 약물 및 성인용품을 팔거나 정치·사회적 구호를 외쳐대는 목소리도 곳곳에서 들려왔다. 다양한 인간 군상이 끝도 없이 펼쳐졌다. 하레 크리슈나[크리슈나를 숭배하는 힌두교 분파], 베트남 참전용사, 반전파 퇴역군인, 반전 시위자, 흑인 투사, 약물 합법화 지지자, 약물 금지 찬성론자 등등이 한자리에 있었다. 기독교도, 유대교도, 이슬람교

우드스탁 페스티벌의 재니스 조플린.

도, 힌두교도, 그 외 모든 종파의 사람들이 단 하나의 목적을 갖고 담요와 텐트 속에 다 함께 모여 있었다. 음악과 그것이 주는 비전을 즐기고 감동 받는 단 하나의 목적을 가지고. 엘리엇 타이버(우드스탁 페스티벌 기획자), 톰 몬테, 『테이킹 우드스탁』, 성문영 옮김, 문학동네, 2010, 277~278쪽

이 어마어마한 수라장에서도 재니스 조플린(Janis Joplin)의 무대와 지미 핸드릭스(Jimi Hendrix)의 무대는 특히 빛났습니다. 지미 핸드릭스는 기타로 미국 국가를 연주하면서 음을 왜곡시켜 마치 폭격음과 총소리처럼 들리게 하는 신기에 가까운 퍼포먼스를 선보였는데요. 이는 당시 베트남 전쟁의 수렁에 빠져 있던 미국 사회에 대한 비판이었습니다. 공연이 끝난 이후에는 거대한 쓰레기가 남았지만, 그 역시 주최측이 지역에서 조직한 삼천 명 규모의 자원봉사단에 의해 빠르게 치워졌습니다. 엄청난 흥행에도 불구하고 워낙 난입 관중이 많았기 때문에 공연 자체는 적자를 기록했는데요. 차후 영상 저작권들을 통해 회수하면서 결과적으로는 거대한 이윤을 창출했다고 하니 상업적 성공까지 거두었다고 볼 수 있겠죠.

이렇게 우드스탁 페스티벌은 히피 문화의 절정으로도 불리며, 히피라는 이름과 그들의 스타일을 다시 한번 미국 사회에 널리 알리는 계기가 됐습니다. 동시에 그들의 스타일이, 반-문화가 돈이 될 수 있음을 증명한 확실한 사례이기도 했고요. 하지만 후자의 사실 때문에 이 시점에서 히피들의 길은 어떤 한계나 위험에 맞닥뜨렸다고도 볼 수 있습니다.

3. 히피에서 여피로

반-문화의 속성

비트족도 그랬지만, 히피들은 근본적으로 이탈자이자 방랑자들이었습니다. 그들은 지금 이 추악한 물질사회를 넘어설 수 있는 영성을 찾기 위해서라면 인도와 네팔부터 뉴욕 주 베델의 우드스탁까지 어디든 찾아갔습니다. 심지어 정착해서 코뮨에 몸담고 있을 때조차 그들은 약물과 섹스 속에서 그들을 '니르바나'에 이르게 할 지혜를 찾아 헤맸습니다. 이들의 방랑길에는 정해진 목적지도 표지판도 없었죠. 그럼에도 불구하고 그들이 어쨌든 멈추지 않고 계속 나아갈 수 있었던 것은 그 길이 옳다는 확신을 주는 이들, 즉 그들의 뒷모습을 증오스럽게 바라보는 기성 사회의 '파시스트'들이 있었기 때문이었습니다.

이탈자들에게는 미국이 십수 년 전 추축국과의 전쟁에서 승리하고 단죄한 이들이나, 지금 뉴욕과 워싱턴의 심장부에서 떵떵거리며 정계와 재계를 좌우하는 자들이나 똑같이 크게 다를 바 없는 '파시스트'일 따름이었습니다. 또한 국가와 교회가 퍼뜨리는 프로파간다를 맹신하며 보수적인 질서에 사로잡혀 자신들을 손가락질하는 기성 주류사회의 일원들도 '파시스트'이긴 마찬가지였죠. 그렇기에 '파시스트'들이 자신들에게 이질감을 품는 한, 히피들은 자신들의 길이 옳다는 확신을 가질 수 있었습니다.

이런 걸 잘 보여 주는 영화가 「이지 라이더」(Easy Rider)입니다. 이 영화는 히피 운동이 한창이던 1969년에 상영됐어요. 두 명의 젊은 라이더가 미국을 횡단하는데, 그러던 중 시골 마을의 보수적인 주민들을 만나서 벌어지는 일들을 다룬 영화입니다. 이 영화 속 라이더들처럼 자신들의 길이 어디로 향하는지 불명확하다고 하더라도, 자신들을 손가락질하는 사람들이 있는 한 자신들은 옳은 길을 가고 있다고 확신

할 수 있었던 거죠. 바로 그것이 반-문화의 속성입니다. 반-문화는 언제나 주류 문화의 대척점에 섭니다. 기성 사회의 문화에 먹히지 않는 한, 반-문화는 언제나 그들이 추구하는 길을 가고 있는 거죠. 헌데 여기에 한 가지 문제가 있습니다. 그것은 문화의 가장 근본적인 속성인데요. 문화는, 언제나 전염되고 전파된다는 겁니다.

반-문화에서 주류 문화로

> 제1세대 히피들은 50년대 사회의 복식 규범을 거스르기 위해 할 수 있는 것은 다 했다. 남자들은 머리를 길게 하고 턱수염을 길렀으며, 양복과 넥타이를 거부했다. 여성들은 미니스커트를 입고 브래지어를 벗어던졌으며 더 이상 화장을 하지 않았다. 그러나 얼마 안 가 이 아이템과 스타일이 광고와 상점 쇼윈도의 마네킹에게 그대로 입혀지기 시작했다. 곧 백화점들이 평화의 메달과 사랑의 구슬을 팔았다. 다시 말해, '체제'는 히피들을 기존 질서의 위협이라기보다는 마케팅 기회로 낚아버린 것이다. 조지프 히스, 앤드류 포터, 『혁명을 팝니다』, 윤미경 옮김, 마

티, 2006, 48쪽

그 어떠한 경우에도 세상 모든 사람이 반란자가 될 수는 없습니다. 왜냐하면 모두가 반란자가 되어 반-문화에 가담한 시점에서 그것은 이미 주류 문화이기 때문이죠. 최초의 반-문화는 지극히 배타적인 것으로 시작합니다. 그러나 시간이 지나고 문화가 퍼져나가면서 문화의 기본적인 속성 때문에 향유 집단은 확대되고 상징은 보편화됩니다. 어느새 마이너는 메이저가, 이단은 기성이 되는 거죠. 이렇게 되면 반-문화 집단은 주류에서 벗어나기 위해 다시 새로운 스타일을 재창조하고 다시 이탈을 해야 하는 거죠.

이 일련의 과정이 반복되면 자연스럽게 경쟁적인 소비가 부추겨지고 반-문화가 체제에 포섭되지만, 반란자들은 그것을 느끼면서도 중단할 생각은 하지 못합니다. 기성 사회의 문화는 억압과 순응의 체제이며, 만일 자신들이 반란을 멈춘다면 그것은 곧 기성 사회에 대한 포섭과 굴복을 의미하기 때문입니다. 그래서 반란자들은 결국 소비의 첨단을 끝없이 내달립니다. 계속해서 이탈하고 계속해서 신상품들을 만들면서요. 언제까지 계속될까요? 마침내 신체적으로도 정신적으로도 모든 기력을 소진할 때까지. 자연스레 그들이 가장 혐오하던 질서에 녹아들 때까지 말입니다. 그것이 바로 '여피'입니다.

여피의 도래

1980년대에 이르러, '여피'(YUPIE)라는 단어가 유행하기 시작합니다. 여피는 도시의 젊은 전문직 계층(young urban professionals)을 의미하는 YUP에 히피의 어미 IE를 붙여 만든 단어로 뉴욕 등 대도시의 25~45세의 화이트칼라 계층을 가리키는 말입니다. 이들은 계급주의, 성과주의, 물질만능주의적 양식을 삶의 기반으로 하면서도 거기에서 기인하는 정신적 결핍을 채우기 위하여 과거의 히피 문화를 수단적으로 혹은 일종의 패션으로 향유합니다. 약물과 섹스, 로큰롤부터 오리엔트풍의 명상, 동양 무술, 요가 등등. 자신들의 실제 삶은 자본주의의 첨단을 달리면서 그것으로부터 오는 정신적 폐해를 히피 문화로 채우려 한 거죠. 실제로 젊은 시절 히피로서 살던 이들 중

1980년대 붐을 이루었던 여피 문화는 자본주의의 성과를 누리면서도 히피 문화를 패션으로 전유했다. 위의 그림은 여피 붐이 한창이던 1984년 출간된『여피 핸드북』의 표지로, 여피의 스타일을 상세하게 묘사하고 있다.

많은 이가 여피에 합류하는데요. 이는 애당초 히피들 중 적잖은 수가 중산층 이상 백인 집안 출신이었던 탓이기도 합니다.

여피의 도래는 반-문화에 몸을 맡겼던 반란자들이 다다른 씁쓸한 결말 중 하나일 것입니다. 한때 주류 문화의 반대편에 서기 위해 어쩔 수 없이 자본주의의 첨단을 달려야 했던 그들의 모순은 결국 그들이 지녔던 반란의 에너지를 고갈시켰습니다. 마지막에 그들에게 남은 건 상품으로서의 '영성', 상품으로서의 '이탈자의 삶'이었죠. 소비주의에서 벗어난 소박한 삶을 살기 위해 한적한 휴양지의 땅을 사들여 값비싼 건물과 밭을 관리할 업자를 고용하는 아이러니. 오직 가장 부유한 계층들에게만 허락된 뉴욕 한복판 거대 빌딩숲의 '영성 센터'가 가진 아이러니. 우리는 저 스티브 잡스(Steve Jobs)조차 한때는 히피였음을 기억해야 합니다. 한 명의 히피였을 때도, 애플의 리더가 된 후에도 그는 첨단의 스타일을 선도했습니다. 그러나 그 두 사람의 잡스가 같은 길을 걸었다고 믿는 것은 지나친 순진함일 겁니다.

앞의 사진을 보시면 노골적으로 브랜드명까지

밝히고 있어요. 이렇게까지 스타일이 규정된 거죠. 테니스 라켓을 들고 여가를 즐기고, 건강한 파스타면을 먹으면서 자신들의 영성을 다스리는 그런 여피인 거죠.

4. 약물과 신비, 미지의 지혜 곁에서

영적 체험과 약물 중독

히피들은 약물을 사용하고, 동양의 신비에 탐닉하고, 공동체를 만들어 나갑니다. 이것은 단순히 어떤 쾌락이나 걸멋을 추구한 결과가 아니었습니다. 그것은 당대 그들이 놓여 있었던 답답한 현실과 지평을 초월해 인지의 범위를 넓히고 새로운 삶의 형태를 발명하기 위한 필사적인 시도였습니다. 어떻게 하면 내 삶의 형태를 끊임없이 고정시키려 드는 현실과 일상에서 벗어나 새로운 방식으로 세계를 경험하고 향유할 수 있을까? 그 질문에 대답으로서 활용된 수단들이었던 거죠. 하지만 그러한 수단들에는 다른 방식으로 세계를 볼 수 있게 하는 가능성과 더불어 한계 또한 존재했습니다. 때때로 그것은 가장 좋지 않은 결말로 이어집니다.

히피들이 가장 선호한 약물은 마리화나(대마초)와 LSD였습니다. 특히 LSD는 몸을 크게 망가뜨리지 않으면서 시각과 청각, 정서와 기억, 시간 감각 등 각종 감각과 지각 경험을 왜곡시키고 증폭시키는 효과를 지녔기에 많은 히피들에게 선호되었다고 합니다. 히피들은 과거 아메리카 원주민들이 특정한 약초 등을 통해 향유했던 환각 체험을 LSD로써 재현하려 했고, 특히 예술가들은 LSD가 제공하는 초월적인 감각에서 영감을 얻어 작품들을 남기기도 했습니다. 음악에서는 비틀스, 그 외에도 스티브 잡스, 심지어 DNA의 나선 구조를 발견해 노벨상을 수상한 과학자인 프랜시스 크릭(Francis Crick) 등도 LSD의 덕을 보았다고 직접 밝힌 바 있죠.

하지만 철학자 질 들뢰즈(Gilles Deleuze)가 지적하듯, 약물은 복용자에게 세계를 다르게 감각하는 경험을 제공할지언정 그 약효가 끝나는 순간 모든 것이 다시 처음으로 돌아가기에 결국 복용자의 삶의 능력

자체를 키워 주지는 못한다는 한계가 있습니다. 계속해서 약물을 복용하지 않는 한 말이죠. 때문에 LSD 자체에는 신체적 중독성이 없음에도 수많은 사람들이 반복적으로 LSD를 찾았는데, 그것은 곧 또 다른 약물의 복용으로 이어졌습니다. 그래서 이 기간 동안 적지 않은 예술가들이 약물 중독으로 최후를 맞게 됩니다. 1970년 우드스탁을 수놓았던 두 스타가 죽음을 맞습니다. 강력한 마약인 헤로인 과다 복용으로 재니스 조플린이, 수면제 과다복용과 구토로 인한 질식사로 지미 핸드릭스가 죽습니다. 1971년에는 그룹 '도어즈'의 짐 모리슨(Jim Morrison)도 사망하는데, 그 역시 사인은 헤로인 과다 복용으로 추측된다고 합니다. 사망 당시 조플린은 26세, 나머지 두 사람은 27세였죠.

동양의 신비와 오리엔탈리즘

한편 '동양의 신비' 즉 동양의 사상과 철학을 찾아 떠난 히피들의 여정에 대해서는 조지프 히스(Joseph Heath)와 앤드류 포터(Andrew Porter)의 다소 냉혹한

Robert Altman(https://commons.wikimedia.org/)

반전시위에 참여한 이들이 '폭탄 대신 LSD[acid]를 투하하라'(Drop acid not bombs)라고 적힌 팻말을 들고 있다.

평가를 읽어 둘 만합니다.

> 반-문화 활동가들이 현대의 삶을 간단하게 묘사할 때 자주 사용하는 표현이 '진정성이 없다'이다. 사회적 존재에 무게감과 의미를 주어야 할 관행과 사람들에게서 점차 소외되어 감에 따라 우리는 '진짜'를 찾아 어딘가 다른 곳을 헤맬 수밖에 없게 되었다.
>
> 진정성은 자신과 사회 그리고 기타 우리의 삶에 전체성이나 실재감을 부여하는 것들 간의 일체감과 관련이 있다. […] 소비 자본주의라는 총체적 기구가 모조 혹은 가짜의 필요와 욕망을 주입하는 데 온 힘을 쏟으며 진정한 우리 자신을 반영하는 것을 억압하는 까닭에 우리는 다른 곳에서 진정한 것을 찾을 필요가 있으며 이는 덜 현대적이고 덜 관료적이며 덜 억압적이고 좀 더 순수하거나 원시적이거나 혹은 '자연적인 관계'에서만 찾을 수 있다. 히스·포터, 『혁명을 팝니다』, 340~341쪽

이 말들은 삶에서 괴리된 채 '진짜'를 찾아 헤매는 히피들을 비꼬는 표현이에요. 히피들이 진정성을

찾아 인도와 중앙아시아로 떠났듯, 오늘날 우리 역시 일상에 치여서 그와 같은 것을 꿈꾸며 같은 곳, 즉 인도와 중앙아시아로 가곤 합니다. 거기서 우리는 그곳 거주민들의 실존적인 삶을 유지하기 위한 '상업화'의 흔적을 보면 실망하고, '다소 꾸며진 티가 나는 순수함'을 보면 의기소침해하며, '개발되지 않은' 실로 원시적이고 자연적이며 무언가 영적인 느낌을 주는 풍경과 사람을 맞닥뜨리면 환호하죠. 말할 것도 없이 이것은 가장 전형적인 형태의 오리엔탈리즘입니다. 그리고 우리는 그 오리엔탈리즘의 경험을 통해 치유받고서 일상으로 복귀해 이전과 다름없는 삶을 유지할 힘을 얻습니다. 조만간 한 번 더 그 '진정한 세계'를 방문해 치유받을 수 있으리라 기대하면서 말이죠.

히피들의 공동체, 맨슨 패밀리

그리고 마지막으로, 히피들의 공동체 생활을 살펴보죠. 우리는 세상에는 수많은 형태의 공동체들이 존재하며 그것들 각각이 저마다의 가능성과 한계를 품고 있음을 압니다. 따라서 어떤 한 케이스만 놓고 공동체 기획의 실패나 한계를 운운하는 건 어리석은 일이 될 것입니다.

그럼에도 불구하고 '찰스 맨슨(Charles Manson) 사건'이 대중이 가진 히피 공동체의 이미지에 지대한 영향을 미쳤다는 사실은 부정하기 힘들 것 같습니다. 찰스 맨슨은 섹스와 LSD, 컬트적인 내부 규율을 통해 일종의 영적 지도자가 되어 그의 공동체 '맨슨 패밀리'를 이끕니다. 맨슨을 교조적으로 숭배하던 패밀리 멤버들은 어느 날 한 음반 제작자가 맨슨의 음악을 부정적으로 평가했다는 이유로 저 유명한 '폴란스키 가 살인사건'을 저지르죠. 맨슨 패밀리 멤버들은 음반 제작자 집으로 쳐들어갑니다. 그런데 음반 제작자는 얼마 전에 이사를 갔고, 당시 그 집에는 영화 감독인 로만 폴란스키(Roman Polanski)가 살고 있었어요. 맨슨 패밀리 멤버들이 그 집에 쳐들어갔을 때는 로만 폴란스키는 집에 없었고, 대신 그의 임신한 아내와 그 지인들이 모여 있었고요. 맨슨 패밀리 멤버들은 이런 사정을 모르고 그 집에 있던 사람들을 모조리 난도질합니다. 이 사건 이후, 맨슨이 다른 많은 범죄들을 사주했다는 사실도 드러나는데요. 이 일련의 사건은 저물어 가던 히피운동의 흐름에 결정적인 타격을 입히기에 충분했습니다.

신세계의 창조와 구세계의 중력

히피들이 지녔던 혁명의 기획은 1강의 파괴자들처럼 기성 사회에 직접 맞서는 것이라기보다는 기성 사회의 대안이 될 수 있는 문화와 스타일을 창조하는 것이었습니다. 이를 위해 그들은 당대의 현실 외부에서 영감과 지혜를 가져오고자 했습니다. 그것은 때로는 아메리카 원주민 문화처럼 시대적인 측면에서의 외부였고, 때로는 동양의 선불교나 명상처럼 지리적인 측면에서의 외부였으며, 또 때로는 음악을 통한 일체감 혹은 약물이 만들어 주는 초월적 감각처럼 인지적인 측면에서의 외부이기도 했죠.

이러한 시도들은 당대의 미국 사회에 결코 적지 않은 영향을 미쳤습니다. 앞에서는 그중 가장 비극적인 형태의 결말들에 대해서 다루었는데요. 명백히 성과라고 할 만한 것들도 있었습니다. 히피 문화는 베트남 반전 운동의 가장 주요한 원동력 중 하나였습니다. 히피 문화에서 나온 다종다양한 시도는 그 자체만으로도 미국의 강건했던 보수적인 삶의 양식에 균열을 만들어 냈습니다. 하지만 결국 그 균열은 여피처럼 다시 빠르게 자본주의 사회에 통합되었으며 오늘날 히피라는 이름은 위대한 가능성의 이름이라기보다는 한때의 난동처럼 여겨지는 것도 사실입니다.

이러한 한계의 가장 큰 원인으로, 히피의 수많은 시도들이 공통적으로 '외부'에서 지혜를 가져와 새로운 '외부'를 창조하려 했던 것이었다는 점을 들 수 있습니다. 그들은 이전까지 그들이 살아왔고 여전히 실존하는 현실, 그리고 일상이 유지되는 지금 이 순간 삶의 현장을 혐오하며 등진 채 별세계를 만들어 내려 했습니다. '구세계'를 마치 없는 것처럼 치부하며 자신들만의 '신세계'를 만들려 했던 것이죠. 그러나 결국 구세계의 중력은 강력하게 그들을 끌어당겨 집어삼킵니다. 이것은 어떤 하나의 사실, 바로 지금 이곳에서, 우리가 서 있는 일상의 공간을 변혁하지 않고서는 우리 삶과 세계의 변화는 불가능한 것임을 보여 줍니다.

구세계를 철두철미하게 파괴하려던 것으로도,

히피들은 베트남 반전 운동에서 다양한 상상력을 보여 주었다. 어떤 이들은 꽃을 들었고 어떤 이들은 사진처럼 담배를 물고 경찰과 대치했다. 이런 식의 반전 운동은 그 자체로 구세계에 균열을 내는 것이었다.

구세계를 무시하고 외부에서 지혜를 찾는 것으로도 문제는 해결되지 않았던 거죠. 그리하여 우리는 이제 수많은 혁명의 시도들 중에서 마지막 흐름을, '일상의 혁명'만을 남기고 있습니다.

세번째 강의

'일상의 일상'의 혁명

—

68의 페미니즘과
일상의 정치화

첫번째 강의에서 우리는 세계를 바꾸기 위해 구세계의 절멸을 꿈꾸었던 '파괴자들'에 대하여 이야기했습니다. 두번째 강의에서는 세계를 바꾸기 위해 외부로부터 새로운 지혜를 가져와 자신들의 새로운 세계를 쌓아 올리려 했던 '탐구자들'에 대해 이야기했죠. 그리고 세번째 강의에서는 세계를 바꾸기 위해 지금 이곳의 일상에서부터 시작한 '일상의 혁명'에 대해 이야기하려고 합니다. 정확히는 '일상의 일상'으로부터 시작한, 68의 페미니즘과 함께입니다. 그럼 지금부터 시작해 보겠습니다.

1. ‘일상의 혁명’

68의 시작점, 낭테르 대학

68혁명의 시작점을 어디로 볼 것인가에 대해서는 여러 가지 의견이 있습니다만, 적지 않은 이들이 그 시작점을 프랑스의 낭테르 대학으로 잡습니다. 낭테르 대학은 베이비붐과 함께 급격히 늘어난 대학생들을 수용하기 위해 파리 외곽에 새로이 지어진 대학이었어요. 수용 가능한 인원보다 훨씬 더 많은 학생들을 받으려 한 데다, 외곽이라는 지리적 위치 탓에 학생들을 위한 편의시설도 심각하게 부족했습니다. 그러다 보니 학생들의 불만이 쌓였죠. 그 때문에 대학은 학생들을 통제하기 위하여 여러 가지 권위주의적 규칙들을 만들어서 적용을 합니다. 그중 하나가 남학생들은 여학생 기숙사를 방문할 수 없다는 규칙이었습니다. 우리나라에서는 요즘도 적용되는 규칙이죠. 68혁명에서, 특히 프랑스에서의 움직임을 중점적으로 보는 이들은 바로 이 규칙이 혁명에 불을 지폈다고 설명합니다.

68년 1월, 프랑스 체육청소년부 장관인 프랑수아 미소프(François Missoffe)가 낭테르 대학 수영장 완공식에 참석하기 위해 대학을 방문합니다. 행사를 참관하던 장관에게 한 학생이 다가와 말을 겁니다. 그의 이름은 다니엘 콩방디(Daniel Cohn-Bendit)입니다. 그가 묻습니다. "장관님, 청년 문제에 관한 당신의 보고서를 읽었습니다. 600쪽짜리 보고서에 청년의 성 문제에 대한 내용은 한 줄도 없더군요. 청년과 관련된 부서의 장관이면서 왜 청년의 섹슈얼리티에 대해선 다루지 않습니까?" 기숙사 규칙과 연관된 질문이었던 거죠. 장관은 그에게 수영장에나 뛰어들어서 머리를 좀 식히라고 대꾸하죠.

1968년 5월, 소르본 대학을 점거 중인 학생들. 낭테르 대학의 기숙사 규칙에 대한 반대에서 시작된 대학점거농성은 곧 프랑스 전역으로 확산되었다.

파리 전역으로의 확산

다니엘 콩방디와 그의 동료들은 거기서 멈추지 않고 본격적으로 움직이기 시작합니다. 억압적인 학교의 규칙에 대해서 시위를 벌이고 토론회를 개최하면서 점점 더 동시다발적으로 많은 주제를 다루기 시작한 거죠. 대학의 고루한 기숙사 규칙은 물론, 지구 반대편 베트남에서 벌어지고 있는 전쟁, 프랑스 정부가 추진 중이었던 '대학의 산업화' 정책에 맞섰습니다. 그렇게 급격히 운동이 커지기 시작하더니 3월 22일, 마침내 학생 그룹은 낭테르 대학의 행정건물을 점거합니다. 그들이 내세운 강령은 '모든 억압에 대한 저항'이었어요. 이 조직의 특징은 지도부가 따로 없고, 누구나 발언할 수 있었다는 거였죠.

학생들의 시위에 대해서 학교 당국과 프랑스 정부는 민감하게 반응합니다. 그들은 처음에는 낭테르 대학을, 뒤이어 파리에 있는 대학교 전체를 폐쇄할 것이라고 발표했고 무장경찰들을 투입하죠. 그리고 바로 그러한 강경 대응이 결정적으로 시위를 확산시킵니다. 불과 수백에 불과했던 학생 그룹은 경찰의 과잉진압 속에 수천으로 불어났고, 다시 프랑스 전역의 대학생들이 호응하면서 수십만으로 불어났으니까요. 거기에 다시 교사들과 젊은 노동자들이 가세하자 당시 프랑스 행정부 수반이었던 드골(Charles De Gaulle)은 격노했고 프랑스 공산당과 노조까지 모두 당황합니다. 이들의 운동은 우파 정부는 물론 좌파 지도부도 통제할 수 없었던 겁니다.

5월이 찾아오자, 파리에는 스물다섯 개의 거대한 바리케이드가 세워집니다. 트랜지스터 라디오는 실시간으로 쉴 새 없이 학생들의 움직임을 중계하죠. 대학과 공장은 점거됩니다.

프랑스 정부는, 마비되었습니다.

> 프랑스가 멈춰 섰다. 기차도 버스도 안 다녔고 은행은 문을 닫았으며 우편 업무도 중단됐다. 곧 심각한 유류 부족 사태가 일어났다. 어디서나 공장은 점거됐고 피켓 라인이 문 앞을 막고 있었다. 파업은 전통적인 산업에 국한되지 않았다. 병원, 박물관, 영화 촬영소, 극장, 심지어 파리 뮤직홀도 영향을 받았다. 5월 25일이 되자 볼 만한 TV 프로그램도 없었다. 파업 투쟁 뉴스에 대한

정부 검열에 항의해 기자와 제작진들이 동맹파업을 벌였던 것이다. 크리스 하먼, 『세계를 뒤흔든 1968』, 이수현 옮김, 책갈피, 2004, 137~138쪽

혁명의 시사점

상황이 이렇게까지 되니까 당황한 정부는 노조에 임금인상을 제안합니다. 그러나 정부의 임금인상 제안은 노동자들에 의해 거부됩니다. 노동자들의 파업은 임금에 대한 문제 제기가 아닌, 경직된 사회 '질서'에 대한 문제 제기였기 때문이죠. 학생들에게서 시작된 불길은 공장 노동자들과 농민들은 물론 건축협회, 정부 부처의 공무원들, 의대생과 레지던트들, 미대생과 화가들, 영화 제작자들과 프로축구 선수들 등 모든 직업군으로 옮겨 붙습니다. 도시 전체가 시위에 가담한 거죠.

그들은 이윤만을 추구하는 자본이 좌우하는 질서, 위계적이고 권위적인 시스템에 대하여 문제를 제기한 겁니다. 그들 모두는 새로운 세계를 향한 꿈과 상상력으로 충만했습니다. 그들은 구세계, 즉 세계대

George Garrigues(commons.wikimedia.org)

1968년 6월 노동자들에 의해 점거당한 공장. 공장 문에는 '노동자들이 점거한 공장'(usine, occupée par les ouvriers)이라는 문구가 적혀 있다. 1968년 5월 낭테르 대학에서 시작된 학생들의 시위는 얼마 지나지 않아 프랑스의 모든 현장으로 번져나가 프랑스를 '멈춰 세웠다'.

전이라는 참극을 물질의 풍요로 덧칠했을 뿐, 내부는 온갖 모순이 종기처럼 돋아난 그 위선적인 구세계를 무너뜨릴 수 있으리란 확신으로 가득 차 있었습니다.

그런데 이 거대한 혁명이 청년들의 섹슈얼리티, 보다 정확히는 기숙사 규칙 문제에서 시작되었다는 것은 많은 것을 시사합니다. 68혁명을 수식하는 여러 가지 이름들이 있습니다. 그중 하나는 이 강의 제목이기도 한 '일상의 혁명'이에요. 기존의 혁명들이 경제구조와 정치체제의 변혁에 집중했다면, 68혁명은 기숙사 규칙처럼 일상의 수많은 세부 요소들을 혁명의 대상이자 혁명의 수단으로 삼았던 겁니다. 그것은 곧 일상의 모든 공간이 혁명의 공간이 되었음을 의미합니다. 노동자들의 공장이나 농민들의 농장만 혁명의 공간인 게 아니라요. 또 일상을 가진 모든 부류의 대중이 혁명의 주체가 되었음을 의미합니다. 남자든 여자든 노인이든 아이든 모든 대중들이 말입니다. 그것이 '혁명의 전통', 혹은 '진짜 문제의 근본적인 초점'을 해친다는 기존 좌파 세력의 지적에도 불구하고, 68의 혁명가들은 자신들의 방식을 의심하지 않았습니다. 그들은 다뤄지지 않던 것들을 다루었고,

들리지 않던 목소리들을 들리게 했음을 자랑스러워했어요.

하지만 그들이 혁명하고자 한 '일상'에 대하여 우리는 좀 더 세밀하게 살피며 몇 가지 질문들을 던져야 할 필요가 있습니다. 가령 이런 질문은 어떨까요. 68의 혁명가들, 그 가운데 남자들과 여자들이 동시에 '일상'이라는 단어를 함께 입에 담았을 때, 그 일상이라는 단어는 과연 같은 것을 가리키고 있었을까, 하는 질문 말입니다.

2. 68의 페미니즘 : ‘누군가는 깃발을 꿰매야만 한다’

자라 하프너(Sarah Haffner)는 페미니스트 작가이자, 예술가였습니다. 그의 이름은 독일이 나치 치하에 놓였을 당시, 유대계였던 그녀의 아버지 라이문트 프레첼(Raimund Pretzel)이 영국에서 난민 생활을 하며 썼던 가명 제바스티안 하프너(Sebastian Haffner)에서 유래한 건데요. 후일 그녀는 그 이름을 버리고 마르가레트 프레첼(Margaret Pretzel)이라는 본래 이름을 가져옵니다. 그 까닭은 자라(Sarah)라는 이름이 나치가 유대계 여성들에게 사용하던 일종의 멸칭이었기 때문이죠.

누가 아이를 돌보는가

1968년 당시 28세였던 자라 하프너는 독일 베를린 예술대학에서 미술을 공부하던 대학생이었어요. 그녀는 '여성해방 행동위원회' 소속 활동가이자, 독일 68혁명의 핵심 단체였던 '독일사회주의학생연합'(이하 '독일 SDS')의 일원인 동시에, 아홉 살배기 아들을 홀로 키우는 어머니이기도 했는데요. 그녀는 자신이 독일 SDS가 주도한 대규모 반전 운동인 '국제베트남회의' 시위에 참석할 수 있었던 것은, 이 행사에 맞춰 처음으로 아이 돌보기 캠페인이 조직되었기 때문이라고 말합니다. 시위에 참여한 여성들을 대신해 아이를 돌봐 주는 캠페인이 이때 처음으로 조직되었는데, 동료 여성들이 조직한 그 캠페인에 어린 아들을 맡길 수 있었기 때문에 거리 시위에 나설 수 있었다는 거죠. 저명한 언론인이자 작가였던 그녀의 아버지 제바스티안 하프너, 마찬가지로 저명한 시인인 에리히 프리트(Erich Fried)와 팔을 걸고요.

> 여성들이 그 일(육아 캠페인)을 조직하지 않았다면 하프

> 너가 시위에서 아버지 제바스티안 하프너 및 에리히 프리트와 팔에 팔을 걸고 거리에 나선 사진은 절대 나올 수 없었을 것이다. […] 하프너는 말했다. "저는 남자가 깃발을 매달려고 바느질하는 것을 결코 본 적이 없습니다." 하지만 깃발이 나부끼지 않는 시위는 없었던 것이다. 길혀홀타이, 『68혁명, 세계를 뒤흔든 상상력』, 188쪽

그럼 그 깃발은 누가 꿰맸던 걸까요? 이제 우리는 이렇게 얘기할 수 있을 것 같습니다. 일상의 변혁을 부르짖으며 거리에서 깃발을 흔드는 시위대가 있습니다. 그 장면, 그 이미지는 그 자체만으로도 쉽게 형언하기 힘든 변화의 기운과 강렬한 역동의 에너지를 발산합니다. 하지만 동시에 그러한 감흥은 그 장면을 가능하게 한 수면 아래의 노고들(누가 그 깃발을 꿰매었는가? 시위자들이 거리에 머무르는 동안 누가 그들의 아이들을 돌보고 있는가?)을 망각하게 한다는 거예요. 우리가 혁명의 이미지에 취해 있는 동안 그 아래 깔려 있던 것들을 잊게 된다는 거죠. 그 망각의 장, '일상을 바꿔 내야 한다'고 말하는 그 순간에조차 잊혀진 망각의 일상, 진정한 '일상의 일상'은 혁명의

도중에도 여전히 여성들의 몫이었다는 겁니다.

여성 반란자들

혁명의 시기에 자라났다가 혁명이 쓸려나간 뒤에는 '혁명의 그루터기'들이 남습니다. 68이 남긴 수많은 그루터기들을 이야기할 때 페미니즘은 결코 빠질 수 없는 영역 중의 하나입니다. 특히나 '일상의 혁명'으로서의 68을 이야기할 때는 더더욱 그렇죠. 일상이 정치의 영역으로 진입하는 순간조차, 여전히 그 일상의 노동은 대부분 여성들이 담당하고 있었고, 이런 현실에서 그 여성들의 목소리가 새삼 가청 주파수에 진입한 것은 당연한 수순이었다고 할 수 있을 듯합니다.

여기서 한 사람을 더 소개하고자 합니다. 자라 하프너와 마찬가지로 '여성해방 행동위원회' 및 SDS에 속해 있던 여성 혁명가 헬케 잔더(Helke Sander)입니다. 헬케 잔더는 68혁명 이후 80년대까지 독일 페미니스트 영화계를 대표하는 인물로, 독일 최초의 여성영화제를 조직하였고 페미니스트 영화잡지 『여성과 영화』(*Frauen und Film*)를 창간하는 등 많은 업적을 남겼는데요. 68혁명 당시에는 여성 활동가들의 문제를 혁명의 공론장으로 끌어오는 데 큰 역할을 했습니다.

특히 1968년 9월 13일부터 열린 독일 SDS의 23차 대의원회의를 주목할 필요가 있습니다. 이 대의원회의의 둘째날, 당시 31세로 영화아카데미의 학생이자 두 아이의 어머니인 헬케 잔더는 혁명에 대해 혁명가로서, 여성으로서, 어머니로서 경험하고 있는 문제들을 제기합니다. 헬케 잔더는 SDS가 구조적으로 완전히 남성들이 장악하고 있는 조직이며, 이것은 어쩔 수 없이 현재의 남성 중심적 사회 구조가 반영된 결과이지만 SDS가 내걸고 있는 혁명적 요구들에 비추어봤을 때 앞으로 반드시 변화되어야 하는 부분이라고 지적했습니다. 또 SDS의 운동 방식이 사회를 바꾸고자 하면서도 여전히 이전과 같이 '사회적인 삶의 영역'과 '개인적 삶의 영역'을 분리, 재생산하고 있다는 것, 여성—특히 아이가 있는 어머니—을 이해하지 않고 있으며 여성이 연설을 하거나 토론회에서 발표하는 것 이상으로 혁명에 참여하는 것을 인

Friedrich Magnussen(https://commons.wikimedia.org/)

독일 SDS의 시위. SDS가 주축이 된 독일의 68혁명은 구세대의 변혁과 혁명을 꿈꾸었지만, 그 시위에 들고 나갔던 깃발을 꿰매는 것, 일상에서 생활을 꾸려야 하는 것은 여전히 여성들의 몫이었다.

정하지 않는다는 것, 설사 여성이 토론회에서 발표를 하더라도 그것이 진지한 안건이자 토론의 대상으로 여겨지지 않는다는 것을 이야기했습니다.

그런데 잔더의 이 고발이 이뤄진 직후, 독일 SDS 대의원회의가 보인 태도는 참으로 놀라웠습니다. 대의원회의의 진행자들은 마치 일종의 부조리극처럼 잔더의 고발을 메타적인 예술로 드러내기라도 하듯, 잔더의 연설이 끝난 후 단 하나의 논평도 없이 회의를 다음 순서로 넘겨 버린 겁니다. 여성들의 목소리가 묻히고 있다는 걸 증명이라도 하듯이 말이죠. 그 기이한 적막 속에서 독일 SDS의 핵심 이론가였던 한스-위르겐 크랄(Hans-Jürgen Krahl)이 연단에 오릅니다. 그리고 그가 막 입을 열려는 찰나, 여성 청중의 비명 같은 외침이 회의장을 뒤흔들죠.

"반혁명주의자들, 적대 계급의 끄나풀!"

그와 동시에 여섯 개의 토마토가 연달아 연단으로 날아들었습니다. 그중 하나가 크랄의 어깨를 맞혔죠. 이 순간은 중요한 기점이었어요. 이 '토마토 사건'을 계기로 혁명 대오 내부의 '여성 반란자'들의 움직임이 조직되기 시작했거든요.

이들은 소위 공적이고 정치적인 영역뿐 아니라 지금껏 여성들이 관리해 온 "일상과 사적인 생활 영역, 가족이나 성별 관계에서의 권력 구조와 위계제를 타파"하는 것을 목적으로 했습니다. 그런 면에서 '일상의 혁명'으로서의 68혁명을 이야기할 때 여성 반란자들과 페미니즘의 역할은 몇 번을 강조해도 부족함이 없죠.

68의 페미니즘

68혁명은 '일상의 혁명'이라고 불리었지만, 혁명의 순간에도 다루어지지 않았던 여성들의 영역이 문제가 되면서 그제야 비로소 일상의 문제가 다루어지기 시작했다고 볼 수 있습니다. 다만 냉정히 평가했을 때 68혁명 당시는 어디까지나 페미니즘 운동의 태동기였을 뿐입니다. 페미니즘이 본격적으로 시작되기까지는 아직 몇 년의 시간이 더 필요했습니다. 실제로 1970년대가 되어야 페미니즘 운동이 본격적으로 시작되거든요. 이렇게 68 당시에 페미니즘이 본격화되지 못한 데에는 크게 두 가지 이유가 있습니다.

우선 대부분의 학생 혁명 지도자들은 남성이었어요. 남성 혁명가들은 이러한 문제의 존재 자체를 부정하거나, 혹은 '더 중요한 문제'의 해결 뒤로 미루거나, 아니면 그저 이 문제에 어떻게 대처해야 할지를 몰라 쩔쩔맸습니다. 따라서 이 문제를 논하는 데 그다지 도움이 되지 않았습니다. 다른 영역에서는 뛰어난 통찰력과 행동력을 보였던 각국의 주요 남성 학생 지도자들, 예컨대 루디 두취케, 한스 위르겐 크랄, 톰 헤이든(Tom Hayden) 등도 이 문제에 있어서는 맥을 추지 못했죠. 이 문제를 어떻게 다룰지 몰라 속수무책으로 방치할 뿐이었어요. 두취케의 아내 그레첸(Gretchen Dutschke)은 '두취케에겐 그 문제를 다룰 만한 용기가 없었다'고 술회하기도 합니다(그에 비해 그레첸 본인은 이 문제를 인식하고 지속적으로 제기했지요. 하지만 두취케가 암살 시도를 당해 심각하게 다치게 되자 그를 간호하기 위해 운동 일선에서 물러나고 맙니다). 여성 반란자들의 분노에 대해 나온 "우리가 사랑하는 대상이 바로 여성이다"라는 미국 SDS

남성 혁명가들의 당혹감 섞인 토로는 상당한 기시감을 느끼게 합니다.

한편 적어도 이 문제를 인식하고 해결하고자 한 여성들 사이에는 여러 조류가 있었고 그 조류들은 68을 거치면서 조금씩 자신들의 입장을 정리해 나갑니다. 더욱 강도 높게 활동에 참여하고 짧은 머리와 공격적인 태도, 강한 제스처 등 '남성적 스타일'을 고수함으로써 남자들과 대등하고자 한 여성들이 있었는데요. 베를린 자유대학 총학생회 최초의 여성 의장이었던 지그리트 프로니우스(Sigrid Fronius) 등이 여기에 속합니다. 또 혁명의 대오에서 여성들이 떨어져 나와 여성들만의 목소리를 내야 한다고 주장한 그룹들도 있었죠. 프랑스의 여성주의 그룹 '페미니즘, 마르크시즘, 행동'(FMA), 프랑스 벵센대학 여성주의 그룹, 미국 민주사회학생연합(미국 SDS)의 여성 분리주의 그룹 소속인 케이시 헤이든(Casey Hayden)과 메리 킹(Mary King) 등이 여기에 속합니다. 한편, 가장 내밀한 '사적 영역'(예를 들면 성관계 거부 운동)에서부터 실천해야 한다고 주장한 이들도 있었는가 하면, 그러한 방식이 간신히 이끌어 낸 여성운동의 공적 성격을 해친다고 반발한 울리케 마인호프 같은 이들도 있었습니다.

이렇게 유럽에는 다양한 페미니즘의 흐름들이 자신들의 입장을 표명했고, 이런 논쟁들이 정리되는 데 시간이 좀 걸렸습니다. 이것이 본격적인 페미니즘 운동의 시작까지 시간이 걸린 두번째 이유고요. 다만 미국의 경우는 달랐습니다. 미국 민주사회학생연합(미국 SDS)의 분리주의 페미니즘 그룹이 여타의 그룹들보다 강하게 두각을 드러내고 있었던 거죠. 아마도 이것은 미국의 68에서 흑인민권운동이 주요한 역할을 한 가운데, 흑인 분리주의 그룹들의 방법론이 페미니즘 운동에도 강하게 영향을 주었기 때문이라고 추측됩니다. 여하튼 이들 여성 분리주의 그룹은 톰 헤이든을 비롯한 미국의 주요한 학생 지도자들을 상대로 강도 높은 비판을 망설이지 않았는데요. 심지어 주요 학생 지도자들이 미국 정부에 의해 법정에 섰을 때도 '이들의 죄는 정부에 저항한 것이 아니라 남성우월주의다'라는 피켓을 들고 법정에 난입하려 했을 정도였습니다.

당시 미국 SDS의 반전운동 슬로건은 '전쟁을 집

1970년 미국 워싱턴 D. C.에서의 여성 해방 시위.

으로'(bring the war home)였어요. 베트남 전쟁을 그만두고 베트남인도 집으로 돌려보내고 미국인도 집으로 돌아오게 해야 한다는 의미였죠. 그런데 미국 SDS의 여성 운동가들은 이 슬로건을 말 그대로 전쟁을 '집'으로, 즉 전쟁을 가정으로 가져오자는 메시지로 재점유합니다. 이런 슬로건 아래 SDS 여성들은 토론하고 이론을 구축하고 글을 발표했으며, 1968년이 끝나기 전에 그 글들을 묶어 낸 최초의 책 『첫해의 기록 모음』(*Notes from the First Year*)을, 이어 1970년에는 『두번째 해의 기록 모음』(*Notes from the Second Year*)을 펴냅니다. 그리고 그 책들에 실린 글의 제목들 중에서, 우리는 낯익은 문구 하나를 발견하게 됩니다.

> "개인적인 것이야말로 정치적인 것이다."
>
> (The personal is political)

3. '가장 개인적인 것이 가장 정치적인 것이다'

이 문구는 무엇을 의미할까요? 그것은 개인적인 것, 즉 각 개인들이 알아서 처리하고 관리해야 할 대상이지 사회 공통의 논의나 사회적 차원에서 이루어지는 변혁의 대상이 아니라고 여겨졌던 '사적인 영역'들, 예를 들면 섹슈얼리티나 가사노동 등 '일상의 영역'에 대한 인식의 전환을 의미합니다. 그러한 일상 영역이 공공의 사회적 장을 구성하는 데 막대한 비중을 차지하고 있으며 자연히 그에 대한 공동의 논의와 변혁의 추구, 즉 '정치'가 필요함을 주창하는 슬로건인 거죠.

이 슬로건은 68혁명 이후에도 70년대를 풍미한 페미니즘의 물결 곳곳에서 동원됩니다. 하지만 동시에 이 슬로건은 페미니즘뿐 아니라 마찬가지로 68의 그루터기라 할 만한 생태주의, 다양한 공동체 운동 등을 모두 아우르는 것인데요. 왜냐하면 이 슬로건이 궁극적으로 '라이프스타일의 혁명'을 가리키고 있기 때문입니다.

68 이전과 이후

68 이전까지 '혁명'은 크게 다음과 같이 두 가지 방식으로 사유되었습니다. 우선 혁명은 시대를 앞선 몇몇 선도자들이 구축한 설계, 즉 '약속된 미래'를 따라가는 것이었으며, 둘째로 그들 선도자들(혹은 혁명 전위들)의 지휘 아래 주로 '계급'이라 불리는 집단적인 신체가 이룩해 내는 것이었죠. 마르크스가 그려낸 자본주의의 파멸과 공산주의의 도래의 지도를 따라 노동자 계급이 움직여 공산주의 혁명을 이루는 것처럼 말입니다. 이런 전통적인 혁명은 자연히 거시적인 지향점을 가질 수밖에 없었습니다. 그래서 그 거시적인 지향에 따라 혁명이 이루어지더라도 세밀한 일상의 영역에서는 혁명의 지향점과 어긋나는 모순

들을 드러내는 경우가 많았지요.

이탈리아 작가 조반니노 과레스키(Giovannino Guareschi)의 『돈 카밀로 러시아 가다』라는 소설이 있어요. 공산당원인 페포네 읍장과 가톨릭 신부인 돈 카밀로가 티격태격하는 내용의 소설인데, 이 소설에 소련을 방문한 신부가 읍장에게 '여성도 평등한 소비에트 연방'의 실상을 비아냥대는 장면이 나옵니다. 돈 카밀로 신부는 그 풍경을 이렇게 묘사하고 있습니다.

> 모스크바의 한산한 거리에는 남성용 작업복 윗저고리를 걸친 여자들이 거리를 쓸고 닦고, 낡아 빠진 전차를 운전하고 있었다. 새로 짓는 건물에는 때가 꼬질꼬질하게 묻은 바지 차림의 여자 인부들이 일하고 있었다. 한편 식료품점 앞에는 소박한 옷을 입은 여자들이 길게 서서 차례를 기다리며 서 있었다. [⋯] "이곳 여자들은 남자들과 똑같은 권리를 가지고 있을 뿐만 아니라 여자들의 권리도 그대로 갖고 있군." 조반니노 과레스키, 『돈 까밀로 러시아 가다』, 이승수 옮김, 서교출판사, 2006, 124쪽

소비에트 연방에서는 여성들도 남성들과 동등한 노동자 계급이라고 이야기를 합니다. 계급 안에서는 남성과 여성이 평등하고, 이 평등한 남성과 여성이 혁명을 이루어 냈다고 홍보했고요. 하지만 막상 일상을 뜯어보면 그렇지 않았다는 거죠. 여성들은 남성과 동등한 권리를 가지는 노동자 역군이면서, 이른바 '여자들의 권리'라고 하는 집안일은 여전히 여성들의 몫으로 남아 있다는 걸 소설에서 비꼬고 있는 겁니다. 거시적인 영역에서 혁명이 이루어졌지만 일상에서는 여전히 헤아려지지 않는 것들이 많았다는 것이죠.

이런 것이 앞선 혁명들이 가진 문제점이었다고 할 수 있겠죠. 68혁명은 이런 앞선 혁명들의 성격을 어떤 측면에서는 공유했지만, 어떤 측면에서는 그렇지 않았습니다. 68혁명의 주요한 지도자로 분류되는 이들, 특히 학생 지도자들은 과거의 혁명이 그러했듯 '약속된 미래'에 대한 확신을 가지고 있었습니다. 동시에 과거의 혁명과는 달리, 계급이라는 '집단적인 신체'가 아닌 '개인에서 시작해 개인의 변화를 통해 다른 세계를 낳는' 이행 전략을 가지고 있었죠. 즉 혁

Adam Jones(https://commons.wikimedia.org/)

소비에트 연방 프로파간다 포스터에 그려진 여성과 남성. 사회주의 혁명을 달성하고 명목상의 '남녀평등'을 이루었지만, 혁명 이후에도 일상의 영역까지 아우르는 온전한 평등은 이루어지지 못했다.

명의 기본 단위는 개인이었으며, 그들은 각 개인들이 자신들의 실존주의적 선택을 통해 사회에 참여하고, 지배와 권위와 위계를 철폐하며 공적인 영역과 일상 영역의 소외를 깨뜨리면서 새로운 세계를 만들어 낼 수 있다고 믿었던 겁니다.

이러한 전략은 68혁명으로 하여금 하나의 거대한 통일된 목표를 향해 모두가 한 몸으로 나아가는 것이 아니라 수많은 목소리들이 각자 저마다의 영역을 헤집으면서 동시다발적으로 세계를 재구축할 수 있도록 하는 동력이 됩니다. 그렇기 때문에 사적인 영역으로 간주되거나, 거대 혁명에서는 논의의 대상이 아니었던 '일상'이 혁명의 장으로, 정치의 장으로 부상할 수 있었던 거죠. 이러한 68혁명의 차별적 전략은 거대한 흐름으로서의 68혁명이 좌초된 이후에도 수많은 그루터기들, 멈추지 않는 변화의 뿌리들을 형성합니다. 그것들이 '생활양식의 혁명', 즉 삶의 양식의 혁명이라는 이름 아래 저마다의 방향으로 뻗어 나갈 수 있도록 말입니다.

이탈리아 '신좌파' 세력의 이탈

예를 들어 이탈리아는 이러한 흐름이 가장 잘 드러난 곳 중 하나였습니다. 이탈리아의 68혁명을 주도한 '신좌파'는 학생과 노동자들을 중심으로 한 집단이었는데요. 기존 정치 세력들과 달리, 하나의 단일한 당으로 이루어진 세력이 아니었어요. '신좌파'는 68의 영향하에 있되 조금씩 결을 달리하는 여러 조직들을 통틀어 부르는 이름이었던 거죠. 그중에서도 '로타 콘티누아'(Lotta Continua)라는 세력이 가장 거대한 규모와 강한 영향력을 가지고 있었습니다. 그런데 70년대 중반, 로타 콘티누아가 제도 정치권에 자신의 자리를 마련하기 위해 투쟁하던 중에 조직 내부에서 이상이 발생하기 시작했습니다. 많은 조직원들이 로타 콘티누아에서 이탈하여 지역 공동체에서 '자율적 투쟁'을 벌이는 방식으로 활동을 전환한 겁니다.

> 그들은 각자의 지역에서 주택 문제, 세입자 투쟁, 반파시즘 투쟁 등을 벌였으며, 이혼 법안 국민투표 뒤에는 낙태 문제 같은 쟁점을 둘러싸고 여성 단체들을 통해

싸워나갔다. 마리아로사 달라 코스따, 『페미니즘의 투쟁』, 이영주, 김현지 옮김, 갈무리, 2020, 280쪽

이 같은 이탈의 배경에는 이미 유럽의 다른 지역과 미국에서 발생했던 사건들의 반복이 있었습니다. 혁명을 주도하는 엘리트 남성 활동가 그룹과 그들의 권위주의적인 태도와 방법론에 반발하는 여성 회원들의 충돌이 있었고, 안토니오 네그리(Antonio Negri)와 같은 인물들이 주장한 '프롤레타리아 개념의 확장', 즉 공장 노동자뿐 아니라 학생, 실업자, 히피 (그리고 주부, 여성들 또한) 등도 '사회적 노동자'로서의 프롤레타리아이며, 그들 모두가 봉기하고 투쟁해야 한다는 주장 등이 맞물려 많은 이탈자들이 발생한 겁니다.

혁명의 전환

어떤 이들은 이러한 전환을 68이 만들어 냈던 혁명 동력의 퇴락으로 보기도 합니다. 집중되었던 힘이 분산됨으로써 유의미한 영향력을 상실했다는 건데

Ruben G. Herrera(https://it.wikipedia.org/)

이탈리아 신좌파 운동을 자율주의 운동(아우토노미아) 쪽으로 이끈 이론가 안토니오 네그리(왼쪽). 1978년 있었던 '붉은 여단'의 알도 모로 전총리 암살 사건에 연루되어 오랜 망명과 수감 생활을 겪어야 했던 네그리는 2003년에야 가택연금에서 풀려날 수 있었다. 2000년대부터 지금까지 제자인 마이클 하트(오른쪽)와 함께 자율주의 노동자 운동에 대한 여러 권의 저서를 남기고 있다.

요. 반면에 이탈리아의 페미니스트로서 가사 노동 재발견의 필요성을 주창한 마리아로사 달라 코스타(Mariarosa Dalla Costa) 같은 이들은 바로 이러한 전환 속에서 기존의 좌파 이데올로기가 포착하지 못했던 새로운 혁명의 동력이 작동하기 시작했다고 봅니다. 오직 성인 남성 노동자만이 아닌 여성과 아이들, 그리고 가정을 비롯해서 그들 삶의 현장과 그곳에서 포착되지 않았던 노동들이 비로소 다루어지기 시작했다는 겁니다. 시선이 갈리는 거죠. 과연 무엇이 세계를 바꾸는 데 더 유효한가, 혁명적 힘의 집중인가, 새로운 혁명의 장의 창출인가. 무엇이 더 세계를 풍요롭게 하는가, 무엇이 더 많은 창조의 잠재력을 세계에 선사하는가. 우리는 이런 질문들을 던져 봐야 하고, 아마도 여기에 어떻게 답하느냐에 따라 68이 남긴 것이 무엇인가에 대한 우리의 답도 달라질 겁니다.

4. RE : '가장 개인적인 것이 가장 정치적인 것이다'

마지막으로 한 가지 현대를 살아가는 우리가 반드시 짚고 넘어가야 할 부분이 있습니다. 혁명의 새로운 영역을 열어 낸 이 문구, "가장 개인적인 것이 가장 정치적인 것이다"가 신자유주의의 도래 이후 또 다른 방식으로 점유되고 있음을 부정할 수 없다는 것입니다. 이와 관련해서 두 가지 질문을 던져 보아야 합니다.

소비가 삶을 변화시킬 수 있을까

첫째, 오늘날 '라이프스타일의 혁명'은 어떻게 수행되는 걸까요? 즉, 우리 삶에 어떤 새로운 가치를 가져와 우리 삶의 방식을 변화시키고자 할 때 우리는 어떤 수단을 활용하고 있을까요? 우리는 무엇을 바꿈으로써 그것을 이루고자 할까요? 여성주의, 생태주의, 그 외 다양한 담론들은 어떤 식으로 우리 삶에 스며들고 있을까요? 오늘날 대개 '무엇을 살 것인가'의 선택으로 귀결되는 것 같습니다. 소비를 통해서 일상에서 어떤 가치를 실현하고자 한다는 거죠.

예를 들어 공산주의의 아이콘인 체 게바라의 자유로운 정신을 내 삶으로 가져오고 싶어서 체 게바라 얼굴이 박힌 텀블러를 구매하는 식인 거죠. 특정한 입장의 상징들이 박혀 있는 상품들을 구매함으로써 삶의 변화를 증명하려는 것처럼 말이죠. 아니면 공정무역 마크가 찍힌 상품을 구입함으로써 내 삶의 변화를 이루려 하기도 합니다. 물론 그러한 행위 자체가 무의미하다고 말하는 것은 지나친 폄훼일지 모릅니다. 하지만 만일 그처럼 소비만으로 만족한다면, 그리하여 거기서 더 나아가지 않는다면, 그건 문제가 됩니다. 소비 행위가 개인들의 삶에 실질적인 변화를 정말 가져올 수 있는가에 대해서 보다 근본적인 질문을 던질 필요가 있습니다.

random exposure(https://commons.wikimedia.org/)

체 게바라가 그려진 티셔츠가 상징적으로 보여 주듯이, 오늘날 '혁명'은 어떤 상징을 '소비'할 것인가의 문제로 귀결되고 있다. 소비를 넘어, 개인의 삶을 근본적으로 변화시킬 수 있는 길을 찾기 위해 질문을 던져야 할 때이다.

둘째, '개인적인 것'과 '정치적인 것'은 이제 어떤 의미로 해석될까요? 앞에서 살펴보았듯이, 68 이전의 혁명에서 '개인'은 '집단'에 비해 중요하게 여겨지지 않았습니다. 혁명을 이룩하는 것은 계급이라 불리는 집단적 신체였고, 개인은 그 계급 속에서만 의미를 가질 수 있었지요. 하지만 시대는 변화했고, 오늘날 개인은 과거와 비할 수 없이 중요한 주체로 여겨집니다. 자유로운 개인은 자본주의 사회를 구축하는 핵심적인 단위이며 다른 무엇보다 개인의 권리는 반드시 존중받아야 한다는 것이 상식이 되었죠.

이런 상황에서 "가장 개인적인 것이 가장 정치적인 것이다"라는 말은 때때로 다음과 같이 여겨지기도 합니다. '오직 개인적인 것'이 정치를, 즉 세계를 구성한다고 말이죠. 이렇게 되면서 오늘날 '개인적인 것의 정치'는 68이 지향했던 것처럼 각 개인들이 공론장에 참여하여 충돌과 타협 속에서 세계를 구축해 나가는 정치의 과정이기보다 오직 비타협적인 각 개인들이 자신들의 입장을 관철시킬 것만을 고민하는 이익집단 간 투쟁의 과정으로 나타나고 있다고 볼 수도 있을 듯합니다. 다시 말해 공공의 가치에 대한 공동의 고민과 실천은 사라지고 오직 개개의 이익 논리만이 힘을 겨루고 있는 현실이 된 것은 아닐까 하는 의심이 나타나는 겁니다.

혁명의 질문들

이러한 질문들은 일상과 정치가, 개인과 세계가 어떠한 관계를 맺고 있으며 그것이 또 어떻게 포착되고 해석되는가를 드러냅니다. 그 의미와 작동방식은 결코 고정되지 않으며 시간과 상황 속에서 변화합니다. 때문에 우리는 과거의 답에 안주할 것이 아니라 이미 던졌던 질문, 이미 답을 얻었던 질문을 매번 새로이 되물어야 합니다. 68의 여성 반란자들이 옛 혁명의 교리를 그대로 받아들이지 않고 그 앞에서 일상의 혁명을 내걸었듯, 우리 역시도 우리 시대에 일상의 혁명이 어떤 식으로 이루어져 있는지를, 혹 그것이 이미 또 다른 교리가 되어 우리의 의심 바깥에 있었던 것은 아닌지를 물어야 하겠죠. 이것이 어떤 혁명의 질문들은 결코 낡지 않는 까닭입니다.

“무엇이 삶과 세계를 더 풍요롭게 하는가?”

“무엇이 더 많은 창조의 잠재력을 우리 삶과 세계에 선사하는가?”

에필로그

포섭된 혁명과 잃어버린 길, 그리고 할 수 있는 일

이제 마지막 시간입니다. 이 강의의 주제는 '세계를 바꾸기 위한 세 가지 방법'이고, 우리는 지난 세 번의 강의에서 그 세 가지 방법을 모두 살펴보았습니다. 파괴자들, 탐구자들, 일상의 혁명이라는 세 가지 방법을요. 그리고 오늘은 에필로그입니다. 68혁명이 어떻게 스러져갔는지, 그것이 우리에게 무엇을 남겼는지, 우리는 그로부터 무엇을 이끌어 내야 하는지를 정리해 보려 합니다. 그럼 시작하겠습니다.

1. 혁명의 끝에서

혁명의 열기가 식어 가는 방식

앞선 강의들에서 우리는 1960년대 후반 전 세계에서 동시다발적으로 일어났던 다양한 혁명의 흐름들을 살폈는데요. 그 수많은 혁명들은 일어남에 있어서도 제각각이었지만 사그라짐에 있어서도 제각각이었습니다.

어떤 혁명들은 일단의 '성과'를 이룩한 뒤 만족 속에서 혁명의 동력을 잃고 천천히 스스로 가라앉았습니다. 예를 들어 68혁명 당시 프랑스 대통령은 제2차 세계대전의 전쟁 영웅이었던 드골이었어요. 드골은 68혁명을 통해 정치적으로 큰 타격을 입습니다.

하지만 혁명으로 드골이 즉시 퇴진한 건 아니었어요. 68혁명 뒤 치러진 총선에서도 드골파가 승리를 합니다. 68혁명에 참여했던 학생들은 선거를 통해 세상을 바꿀 수 없다고 생각해서 선거에 소극적이었기 때문이었는데요. 아무튼 그렇게 선거에서는 승리를 했지만 드골 정부에 대한 반감은 이미 68혁명을 통해 드러났고, 드골 자신도 68혁명을 거치면서 대중들이 자신을 원하지 않는다는 걸 알고 있었기 때문에 이듬해에 스스로 대통령 자리에서 물러납니다. 이로 인해 혁명에 참여했던 이들은 드골을 밀어냈다는 성취감을 맛보면서 혁명의 동력이 점차 약해져 가요. 드골의 빈 자리를 채운 건 드골 행정부에 있던 조르주 퐁피두(Georges Pompidou)였는데 말이죠.

한편으로 어떤 혁명들은 강력한 외부 세력의 공격으로 인해 제압당하기도 했습니다. 당시 소련 치하에 있던 많은 동유럽 국가들에서도 68의 바람을 타고 민주화 투쟁들이 일어납니다. 그중 가장 유명한 것이 체코슬로바키아의 '프라하의 봄'이라고 불리는 사건이었죠. 우리가 민주화 운동에 '봄'이라는 수식어를 붙이기 시작한 것이 바로 이 '프라하의 봄'부

Bundesarchiv, B 145 Bild-P106816

1963년 1월 22일 프랑스 파리 엘리제궁에서 당시 독일의 총리인 아데나워와 드골 대통령이 프랑스와 독일 간의 우호협력을 다짐하는 엘리제조약에 서명하고 있다. 테이블의 가운데에서 서명하고 있는 인물이 드골 대통령이며, 그 왼쪽에 앉아서 지켜보고 있는 인물이 후일 드골에 이어 대통령에 당선되는 조르주 퐁피두 총리이다. 드골을 '몰아낸' 자리를 채운 것이 드골의 각료였다는 사실은 상징적이다. 사진의 맨 왼쪽부터 게르하르트 슈뢰더(Gerhard Schröder) 연방외교부 장관, 콘라트 아데나워(Konrad Adenauer) 연방총리가 앉아 있으며, 사진의 오른쪽 끝의 인물은 모리스 쿠브 드 뮈르빌(Maurice Couve de Murville) 프랑스 외무장관이다.

터입니다. 이렇게 체코에서 민주화 운동이 일어났는데, 여기에 소련이 대단히 민감하게 반응하면서 무려 20만 명의 병력을 투입해서 강제 진압을 해요. 당시 체코인들은 비폭력으로 저항하며 소련 군인들에게 토론을 제안하고 체코 혁명의 의미를 설명하려고 했어요. 하지만 결국은 소련군에 의해 진압되죠. 밀란 쿤데라(Milan Kundera)가 당시의 체코를 배경으로 쓴 유명한 책이 『참을 수 없는 존재의 가벼움』입니다.

이렇게 프랑스처럼 뭔가를 이뤄 냈다는 도취감으로 인해 스스로 동력을 잃은 혁명도 있었고, 동유럽처럼 외부 세력의 개입으로 인해 제압당한 혁명도 있었습니다. 그 외에도 다양한 분열과 회의, 다른 형태의 운동으로의 전환 등 여러 이유들로 인해 70년대 중반쯤이 되면 혁명의 열기는 서서히 식으면서 끝을 향해 달려가고 있었습니다.

다시 구세계의 품으로

그렇게 1970년대 중반에 68혁명은 완전히 일단락이 되었다고 할 만한 상태에 이릅니다. 이후 한때 혁명

체코슬로바키아의 국기를 들고 소련군의 침입에 항의하는 젊은이들. 사진의 오른쪽으로는 소련 전차가 불타고 있다.

의 대열에 섰던 참가자들은 저마다의 길을 걸어가는데요. 앞선 강의들에서 다루었던 것처럼 절망에 빠져 마지막까지 발악하다가 사라져 간 테러리스트들이 있는가 하면, 다른 방향으로 운동을 전환해서 페미니즘이나 생태운동 같은 새로운 변혁의 길을 개척해 이어 간 이들도 있었습니다. 하지만 가장 많은 이들이 내린 선택은 결국 구세계의 품에 다시 안기는 것이었어요. 정확히는, 68혁명이 변화시킨 '새로운 자본주의' 질서와 '새로운 제국주의' 질서의 품으로 돌아가는 것이었습니다. 구세계 자체가 옛날과 똑같지는 않았죠. 혁명에 의해 한층 변화된 구세계였으니까요. 그런데 많은 이들이 구세계의 품에 다시 안기게 된 것이 온전히 그들 자신의 의지였다고 단언하기는 힘들 것 같습니다. 왜냐하면 구세계 자체가 대단히 적극적이고 공격적으로 혁명의 유산을 끌어안으려 애썼기 때문입니다.

2. 포섭된 혁명

68의 정신을 포착한 자본주의

이제 구세계가 어떤 방식으로 혁명을 끌어안았는지 살펴보겠습니다. 68혁명이 아니더라도 우리에게 혁명의 이미지는 평등의 실현이라는 가치와 밀접하게 연관됩니다. 2020년대인 지금에 이르러서도 평등이라는 가치는 완전히 실현되지 않았죠. 오히려 불평등의 정도는 점점 더 강화되고 있는 듯합니다. 이런 현실에서 우리는 경제 민주화뿐만 아니라, 교육에서, 취업에서, 복지와 분배에서, 노동에서, 대학교 학생회나 가정, 아르바이트 현장 등에서 평등으로서의 민주화가 저마다의 구상에 따라 실현되기를 꿈꿉니다.

반권위주의 혁명을 표방한 68은 그러한 평등 정신의 구현을 정치 체제뿐만 아니라 일상의 모든 현장으로 가져가는 것을 목표로 삼았습니다. 그리고 그 가운데에는 공장과 일터도 있었습니다. 특히 프랑스를 중심으로 한 서유럽 지역에서는 공장 점거라는 수단을 통해 노동자들의 공장 운영 참여를 이뤄 내려는 시도가 있었는데요. 이것은 노조라는 집단을 통한 참여와는 또 별개의 것으로, 보다 많은 노동자들이 노조 없이도 직접적인 의사 표명을 통해 자신들의 작업장을 자주적으로 관리하고 자치적으로 운영할 수 있도록 하려는 것이었어요. 물론 이는 68혁명 당시에도 결코 쉽지 않은 일이었고, 임금 상승을 미끼로 한 회유가 계속되었습니다. 그리고 어떻게든 공론의 자리를 마련하더라도, 이전과 같이 노동조합 소속의 노동자들이 대표를 맡게 되는 경우가 많았고요.

그런데 진정한 아이러니는, 공장에서 이루어지는 평등의 민주화라는 구상을 포착하고 가장 적극적으로 실현한 것이 바로 공장의 고용주들이었다는 사실입니다.

> 68운동에서 표명된 자율과 자기책임, 탈위계화 요구를 1970년대에 고용주가 재발견하기 시작했다. 고용주들은 1974년~75년 불경기에 새로운 기업전략을 찾아 나섰다. 고용주는 이런 상황에서 신좌파의 자치구상으로 손길을 뻗쳤다. 민주화 수단으로 생각한 '자주관리'/자치가 이제 공장 기동성과 적응력을 고양하기 위한 공장 내부구조의 유연화 방편으로 투입되었다. […] 고용 안정보장과 보호규정의 축소를 대가로 더 많은 자율이 피고용자에게 주어졌다. 길혀홀타이, 『68혁명, 세계를 뒤흔든 상상력』 255~256쪽

「미안해요 리키」

일터에서의 평등과 민주화, 자주관리와 자치. 68의 이 새로운 아이디어는 노동 현실에 거대한 변화를 가져왔습니다. 그리고 그 변화는 자본주의가 불경기의 돌파구를 찾던 70년대부터 시작하여 신자유주의가 본격화된 오늘날까지도 계속해서 이어지면서 더욱 극단적으로 치닫고 있지요.

이 말이 무슨 뜻인지를 가장 잘 보여 주는 영화가

있습니다. 택배 노동자들의 현실을 그린 「미안해요 리키」(Sorry We Missed You, 2019)라는 영화인데요. 이 영화의 도입부는 고용주들이 공장의 민주화를 자신들의 이익을 위해 어떻게 활용했는지를, 다시 말해 68혁명 이후 약 반세기 동안 이어져 온 변화의 의미를 보다 생생히 보여 줍니다.

조경 노동자인 주인공 리키는 택배기사 자리를 새로 얻게 되는데, 택배회사에 간 그에게 고용주는 이렇게 말합니다.

> "이 일은 당신 하기에 달렸다. 자기가 어떻게 하느냐에 따라 큰돈을 벌 수도 빌빌거릴 수도 있다. 자기 운명은 스스로 정한다! 우리 회사에선 기사 한 명 한 명이 모두 사장인 셈이다."

언뜻 보기에는 68혁명에서 얘기했던 것, 즉 노동자 스스로 작업장을 관리하고 노동자들의 의사가 최대한 반영될 수 있게 하는 것과 유사해 보입니다. 이 말의 의미를 조금 더 따져 볼까요? 회사에서 각 택배기사에게 요구하는 것은 택배를 정해진 시간 내에 모

영화 「미안해요 리키」의 한 장면. 리키가 단속을 하는 주차요원과 실랑이를 하고 있다. "당신 하기에 달렸다"는 말은 '일하는 만큼 더 벌 수 있다'는 말로 포장되어 있지만, 벌금과 사고 등 예기치 못한 모든 리스크를 노동자에게 떠넘기는 말이 되었다.

두 배달하는 것뿐입니다. 그 외에는 모두 기사들이 '알아서' 할 일입니다. 즉, 스스로 더 좋은 차를 구하고 더 많은 시간을 일해 더 많은 택배를 배달할 수 있다면 그만큼 더 많은 돈을 벌 수 있다는 거죠. 여기에 솔깃한 리키는 빚을 내어 더 큰 승합차를 사고 일부러 택배 물량이 많은 루트를 골라 몸이 좀 축나는 한이 있더라도 열심히 일해서 최대한 많은 돈을 벌려 합니다. 하지만 그런 리키에게 불행한 사고가 연달아 일어납니다. 배송 중에 강도를 당해 크게 다치기도 하고, 강도들에게 택배 짐을 빼앗기기도 하고요. 이런 와중에 아들 문제로 학교와 경찰에 가야 하는 상황에 처하기까지 합니다.

그때마다 고용주는 가차 없이 리키에게 손해 배상을 요구합니다. 결국 리키는 강도를 당해 만신창이가 된 상태에서도, 제발 가지 말라고 울부짖는 가족들을 떼어 놓으며 눈물을 흘리면서 승합차를 운전할 수밖에 없었습니다. 더 많은 일을 해서 더 많은 돈을 가져가는 것도 노동자가 알아서 할 일이지만, 그 가운데 발생하는 리스크에 대한 책임도 노동자가 알아서 지는 거였으니까요. 이것이 바로 '새로운 자본주의 정신'이 68혁명이 요구했던 작업장에서의 자율과 자치를 받아들인 방식이었던 겁니다.

> 68혁명의 여파로 '새로운 자본주의 정신'이라는 것이 등장했다. 자본주의는 생산과정과 관련하여 포드주의적인 중앙집중적 구조를 폐기하고, 노동자의 주도성과 자율성에 기초한 네트워크 기반의 조직을 발전시켰다. 수직적이고 중앙집중적인 명령체계 대신, 여러 참여자로 이루어진 네트워크, 팀 또는 프로젝트 형태의 조직 업무, 고객만족 중심의 경영, 리더의 비전을 통한 노동자 총동원이 등장했다. 68혁명이 내걸었던 평등주의와 반위계주의라는 가치는 이제 '새로운 자본주의 정신'의 수사가 되었다. 슬라보예 지젝, 「저들의 68혁명, 우리의 68혁명」, 『한겨레』, 2018. 3. 1.

'새로운 자본주의 정신'의 수사들을 듣고 있으면 최첨단 IT기업들의 슬로건처럼 들립니다. 세련된 작업장의 이미지가 떠오르기도 하고요. 하지만 '여러 참여자로 이루어진 네트워크'에서 '위험의 외주화', 즉 아웃소싱을 통한 리스크 떠넘기기를 떠올리고, '고객만족 중심의 경영'에서 평점을 빌미로 한 일부 진상 고객들의 갑질을 떠올린다면 지나친 발상일까요? 위계주의와 반권위주의를 철폐하고 더 평등한 작업장을 만들자고 요구한 68혁명의 캐치프레이즈는 새로운 시대의 자본주의에서 '노동자의 주도성과 자율성'의 발현처럼 다양한 형태로 나타납니다. 리키가 처음 택배회사에 갔을 때 고용주에게 들은 말처럼 그 언어는 하나같이 달콤하고 매혹적입니다. 그러나 결국 자본주의 정신의 목표가 기업의 최대 이윤인 한, 그 매혹적인 언어 아래에는 리키가 찔린 것과 같은 칼날이 숨겨져 있기 마련입니다.

상품으로, 소비로

우리는 이미 앞선 수많은 케이스들에서 국가와 시장의 구세계가 혁명을 어떤 식으로 포섭하였는지 살펴보았습니다. 문화대혁명은 오늘날까지 이어지고 있는 중국의 일당 독재 시스템을 구축하는 토대가 됩니다. 바더-마인호프 그룹의 파괴의 기획은 현대 국가가 더욱 정밀한 통제와 감시 시스템을 구축할 수 있도록 하는 명분이 되고요. 히피들의 반-문화는 당대의 가장 핫한 상품으로 팔려나갑니다. 유토피아를 꿈꿨던 히피들 중 적잖은 수가 여피가 되어 첨단 자본주의의 기수로 합류합니다. '일상의 혁명'은 학교나 가정처럼 체제를 지탱하는 주요한 장이면서도 주목받지 못했던 일상의 영역들을 재발견하고 그로부터 변혁을 시작하였으나 그 실행 방식에 있어서는 또 한 번 시장에게 포섭되었던 겁니다.

예를 들어 교육을 살펴봅시다. 과거와 같이 강압적이고 극도로 권위주의적인 학교 구조는 점차 해체되고 있지요. 하지만 그런 변화에는 교육이 서비스 노동화되는 과정이 있습니다. 훨씬 더 유연하고 효율적인 대신, 더 많은 사회적 불평등을 초래하는 사교육 시장의 발달과 궤를 같이하게 되었죠. 교육을 시장에 맡김으로써 권위주의가 해체될 수 있었다고 볼 수도 있는 겁니다. 가정에 일어난 변화는 또 어떤가요. 강고했던 핵가족 관념의 해체는 우리에게 동성부부나 1인 가정, 반려동물 등 훨씬 다양한 형태의 가족들을 상상하게 하지만 그것은 필연적으로 끝없이 다채로운 상품 개발과 소비로 이어지고 있습니다.

변화와 회귀, 탈주와 포섭

이러한 현상들을 설명하기 위해 지젝(Slavoj Žižek)은 라캉(Jacques Lacan)을 인용하며 68혁명과 실존주의, 구조주의에 대한 논쟁을 다시 한번 펼쳐 냅니다. 인간은 개개인이 각자의 선택과 실천을 통해 자신의 삶과 세계를 만들어 간다는 실존주의와, 다른 수많은 존재들과 마찬가지로 인간도 오직 주어진 구조 속에서만 자기 존재의 의미와 가치를 획득한다는 구조주의를 말입니다. 68혁명 당시, 수많은 혁명가들은 자연히 실존주의에 기울어져 있었고 실제로 자신들이 자신들의 삶과 세계를 만들어 가고 있다는 확신을 가지고 있었습니다. 하지만 지젝은 음울하게 선언합니다. "구조가 승리했다"라고.

'구조는 거리에 나서지 않는다.' 이는 68혁명 당시 파리 시내 벽들에 쓰인 유명한 낙서 중 하나로, 구조주의로는 1968년 학생과 노동자들이 일으킨 대규모 시위를 설명할 수 없음을 표현한 문구다. 그러나 이에 대해 (구조주의자인) 자크 라캉은 '1968년에 구조는 분명히

Jeffrey O. Gustafson(https://it.wikipedia.org/)

대형마트의 반려동물 상품 코너. 동성 부부, 1인 가구 등, 기존과는 다른 형태의 가족이 출현하고, 반려동물이 가족구성원으로 여겨지는 등, 핵가족 중심의 강력한 질서에 균열이 발견된다. 하지만 이런 상상력은 다른 한편으로 끊임없는 상품의 개발로 연결되고 있다.

> 거리에 나섰다'고 응답한다. 68혁명이라는 폭발적인 사건은 궁극적으로 유럽의 사회적·상징적 구조가 근본적으로 변화하면서 만들어진 결과라는 것이다. (그리고) 68혁명이 가져온 결과를 보면 라캉이 옳았음을 알 수 있다. 지젝, 「저들의 68혁명, 우리의 68혁명」

요컨대 지젝은 국가와 시장이 새로운 시대의 구조로 이행하는 과정에서 발생한 것이 68혁명이며, 실제로 68이 새로운 구조에 철저하게 포섭되어 녹아든 것이 구조가 승리했다는 걸 증명한다고 보는 겁니다. 그리고 우리는 그러한 지젝의 주장을 쉽게 부정하기 어렵다는 사실을 이미 알고 있습니다. 그 승리의 결과를 주변에서 쉽게 목격할 수 있기 때문이죠. 하지만 동시에 우리는 혁명이 이끌어 낸 근본적인 변화들도 분명히 존재함을 알고 있죠. 68혁명이 없었더라면 페미니즘과 히피들이 보여 준 다양한 가능성들 또한 없었을 테니까요. 이처럼 68혁명에는 변화와 회귀, 탈주와 포섭, 그 복잡한 운동의 함의들이 뒤섞여 있기 때문에, 평가를 내리는 것은 어려운 일이 아닐 수 없습니다.

3. 혁명가들의 잃어버린 길

68혁명에 대한 두 시즌의 강의가 점점 끝을 향해 가고 있는데요. 이 두 시즌의 강의를 기획하면서 부딪힌 가장 큰 난관이 68혁명이 갖는 이러한 복잡성이었습니다. 처음 이 강의를 기획할 때는 강의 전체를 두 개의 시즌으로 분할하여 첫번째 시즌에서는 68혁명이 이루어 낸 진일보를, 두번째 시즌에서는 68혁명의 실패한 측면들을 다루고자 했죠. 첫번째 시즌의 강의는 이미 책으로 출간을 했고(『68혁명, 인간은 세계를 바꿀 수 있을까』, 2021), 지금 두번째 시즌 강의를 하고 있는데요. 이렇게 강의안을 구체화시키는 과정에서 '진일보'와 '실패'라는 구분이 그다지 적합한 방식이 아님을 알게 되었습니다. 68혁명의 어떤 주제를 살펴보더라도 성과와 실패는 항상 함께 나타났기 때문입니다. 68의 진일보와 실패는 현상적으로 서로 밀접하게 연결되어 있어서 명확히 나누는 것이 불가능했고, 좋은 부분은 가져오고 나쁜 부분은 피해야 한다는 식으로 취사선택할 수가 없었던 겁니다. 애당초 어떤 것이 좋고 어떤 것이 나쁜지 확신하는 것조차 쉽지는 않았습니다. 이것은 혁명 자체에 대한 평가뿐 아니라 그 흐름 속에 있었던 활동가들에 대한 평가에 있어서도 마찬가지였습니다.

혁명의 열기를 뒤로하고 전장으로

베르나르 쿠슈네르(Bernard Kouchner)는 1968년 당시 29세의 청년이었습니다. 그의 아버지가 유대계 의사였고, 그로 인해 그의 유년기는 제2차 세계대전 동안 나치로부터 도주하고 테러를 피해 다니던 경험들로 점철되어 있었죠. 아버지 쪽 친척들은 대부분 아우슈비츠에서 나치에게 목숨을 잃게 됩니다. 그래서 쿠슈네르는 자신이 살아남은 것에 대해 부채감을 가지고 있었고, 언제나 '의미 있는' 삶을 추구하게 됩니다. 그래서 68년 거의 모든 유럽이 혁명의 열기에 도취되었을 때 그는 서방세계에 머무르는 대신, 한 명의 의사로서 아프리카 나이지리아의 비아프라 지역으로 떠납니다.

비아프라 지역은 극심한 내전 상태에 놓인 지역이었습니다. 불과 석 달 만에 60만 명이 넘는 사람들이 죽어 나가는 곳이었으니까요. 내전의 원인은 1960년대 나이지리아 독립과 함께 발발한 부족들 간의 대립에 있었어요. 새로이 건설된 독립 국가 비아프라와, 이를 용납하지 않는 기존 나이지리아 정부 사이의 전쟁이었습니다. 여기에 영국과 소련, 불가리아, 이집트, 사우디아라비아, 이라크 등은 나이지리아를, 프랑스, 이스라엘, 스페인, 포르투갈, 중국, 남아공, 서독 등은 비아프라를 지지하면서 거대한 국제 대리전의 양상으로 전개됩니다. 결과는 참혹했죠. 집계된 것만 봐도 200만 명이 전사하고, 50만 명이 아사하고 말았으니까요. 소위 '부차적인 피해'라고 하는 민간인들의 피해는 헤아릴 수도 없을 만큼 많았죠.

그 전쟁의 한가운데에서 쿠슈네르와 동료 의사

들은 목숨을 걸고 인명을 구조합니다. 그 과정에서 나이지리아 정부에 의해 행해진 일종의 인종 말살 정책을 목격하게 되고요. 이들은 이러한 참상을 서방세계에 알리고 싶었지만 그들이 속한 적십자의 중립성 규정 탓에 행동으로 옮기지는 못했습니다. 하지만 이후 프랑스로 귀국한 쿠슈네르는 적십자의 규정을 깨고 자신이 목도한 실상을 낱낱이 폭로합니다. 그러고는 적십자를 나와 새로운 조직을 창설하는데요. 그것이 바로 지금까지도 활동하고 있는 '국경 없는 의사회'입니다. 각국에서 이 단체에 자원한 의사들은 위험한 전쟁터 한가운데에 투입되기를 두려워하지 않았고, 여전히 많은 의사들이 위험한 지역에서 애를 쓰고 있습니다. 세계를 바꾸기 위한 엄청난 용기와 대단한 노력이라고 할 수 있죠.

쿠슈네르가 촉발한 논란

이렇게 '국경 없는 의사회'의 활동을 통해 쿠슈네르는 전 세계의 거의 모든 전장과 위기 지역을 누비며 수많은 인명을 살려냅니다. 하지만 곧 문제가 생기는

데요. 활동 과정에서 보여 준 '지나친 자기과시욕'이 문제가 됩니다. 이로 인해 동료들의 비판을 받고 '국경 없는 의사회'를 떠납니다. 이후 그는 80년대 말부터 90년대 초까지 프랑스 좌파정부 보건인권부의 요직을 거치게 되는데요. 그 과정에서 그는 '국제적 개입과 의무의 권리'를 주창하기에 이릅니다. 즉, "인종학살의 위험이 닥쳤을 때 유엔을 통한 타국의 군사 개입 의무"길혀홀타이, 『68혁명, 세계를 뒤흔든 상상력』, 262쪽를 말한 것이었는데요. 쿠슈네르는 이 기획의 주창자로서 '두번째 아우슈비츠의 등장을 막겠다'는 이유를 듭니다.

쿠슈네르의 이러한 행보는 소위 68세대 인사들 사이에서 엄청난 논란을 촉발합니다. 몇몇은 쿠슈네르를 지지했지만, 적지 않은 사람들은 그의 행위를 배신으로 받아들일 수밖에 없었죠. 쿠슈네르의 비판자들은 68혁명 당시만 해도 과거 강대국들, 특히 미국과 소련이 쿠슈네르가 말한 그런 이유를 빌미로 제3세계에 침입해 그 나라들을 엉망으로 만들고 자신들의 이권을 챙기려 든 것을 똑똑히 기억하고 있었으니까요. 무엇보다 68의 핵심 의제 중 하나였던 베트남 전쟁이 그러한 케이스였고요. 반면에 쿠슈네르의 지지자들은 당시 잔혹한 인종학살이 벌어지고 있던 발칸 반도의 사례를 앞세우면서, 그럼 참상을 아무것도 하지 않고 보고만 있어야 하냐고 되물었죠. 베트남 전쟁은 그들에게도 주장을 뒷받침할 근거가 되었습니다. 서방세계의 강력한 반전 운동이 베트남에서 미군을 물러나게 하는 데 일익을 담당했으니까요. 당시 발칸 반도의 상황이 인종청소라고 불릴 정도로 상당히 잔혹했기 때문에 '두번째 아우슈비츠의 등장을 막아야 한다'는 쿠슈네르의 주장을 어느 정도 인정할 만했던 거죠.

쿠슈네르의 이야기를 한번 정리해 볼까요. 그에게는 어릴 적에 경험한 아우슈비츠의 기억을 바탕으로 세계를 더 나은 곳으로 바꾸고자 하는 고결한 이상이 있었습니다. 그리고 68혁명 시기에 그 이상의 실현을 위해 온몸을 던져 이상을 실천으로 옮겼고요. 그리고 혁명의 열기가 잦아든 후에는 정부 기구를 통해 계속해서 그 이상을 현실로 이룩하고자 했죠. 하지만 그 과정에서 그의 행동은 한편에서 국가 기구에 포섭된 변절이라는 비판을 불러왔습니다. 그 비판은

[아래 사진] World Economic Forum(https://wikipedia.org/)

'국경 없는 의사회'의 진료차량(위)과 베르나르 쿠슈네르(아래).

분명 터무니없는 것은 아니었어요. 실제 그의 구상은 강대국들에 의해 얼마든지 이용될 수 있었으니까요. 하지만 동시에 그 목적은 분명 젊은 날의 그가 전쟁터로 달려갔을 때 그대로, 제3세계 인명의 구조에 있었다는 것도 부인할 수 없는 사실이죠.

어떻게 평가할 것인가

그렇다면 우리는 베르나르 쿠슈네르와, 그가 내린 선택에 대해 어떤 평가를 내릴 수 있을까요? 그는 구세계에 포섭된 혁명의 배신자일까요, 아니면 바뀐 세계에서도 혁명의 이상을 추구하려 한 현실주의자일까요? 그가 온몸으로 투신했던 혁명은 결국 의미가 있었을까요, 아니면 무의미했을까요? 만약 우리가 쿠슈네르였다면 우리는 어떤 선택을 내렸을까요? 어떤 질문도 결코 쉬운 질문이 아니지만 특히 마지막 질문은 우리에게 깊은 고민을 안겨줍니다.

반세기 전의 혁명이 조금 멀게 느껴지기에 쉽게 답을 할 수 없다면 그 질문은 다시 그다지 멀지 않은 과거로 우리를 데려갈 수 있을 것 같습니다. 페미니즘 리부트를 열어 낸 그 거리의 물결로. 부패한 대통령의 퇴진을 이뤄 냈던 촛불의 물결로. 또 그전의, '혁명' 혹은 '저항'의 수식어가 붙었던 또 다른 흐름들로. 그때 그 '혁명'들은 우리에게 무엇이었을까요? 지금 그 '혁명'들은 우리에게 무엇이 되었는지. 우리는 그때 무엇을 했고, 그 기억은 우리에게 무엇을 주었는지. 그리고 바로 지금, 우리는 그 기억을 가지고 무엇을 할 수 있고, 무엇을 하고 있는지. 이런 것들이 지금을 사는 우리가 스스로에게 던져야 할 질문들일 것입니다.

4. 다만, 할 수 있는 일

혁명의 두 가지 풍경

쿠슈네르의 삶의 궤적에는 드높고 고결했던 혁명의 이상이 만들어 낸 낭만적인 색채의 풍경과, 혁명 이후의 현실이 만들어 낸 허무주의의 음울한 잿빛 풍경이 모두 담겨 있습니다. 물론 이것은 쿠슈네르 한 사람에 한정된 이야기는 아닙니다. 혁명의 풍경이란 대체로 이와 같기 마련이니까요.

때문에 어떤 이들은 과거의 낭만적인 풍경에 시선을 고정한 채 끊임없이 그 풍경을 돌아보려 합니다. 그때 그 시절 혁명은 얼마나 아름다웠는가. 순수한 이상을 품고 있던 그때의 나는 또 얼마나 아름다웠는가. 그들은 다른 어딘가를 향해 걸음을 옮기면서도 매번 고개를 돌려 낭만적인 풍경을 보고 지금 자신이 걷고 있는 길에 대해 확신을 갖습니다. 저러한 풍경을 지나온 자신이 잘못된 길에 들 리 없다면서. 혹은, 지금 자신이 걷는 길이 과거의 이상과 좀 다를지는 몰라도 적어도 자신에게는 아름다운 과거가 있다고 자위하면서 말입니다.

한편으로 어떤 이들은 음울한 현실의 풍경에 시선을 고정한 채 절대 뒤를 돌아보려 하지 않습니다. 그들에게 그것은 이미 지나간 과거이며 앞으로 결코 도래할 일 없는 환상에 지나지 않기 때문이죠. 그들이 생각하기에 등 뒤의 풍경이 아름다울수록 눈앞에 펼쳐진 현실의 음울함은 도드라지고, 그 색조의 대비가 명확할수록 이상과 현실의 괴리가 벌어지며 낭만적 풍경은 더더욱 무가치한 것이 됩니다. 때문에 그들은 구태여 뒤를 돌아보기보다 오로지 앞을 향해 나아가려고 합니다. 그들에게 있어 혁명은 현실에 이르기 위해 존재했던 망각되어야 할 디딤돌, 한때의 덧없는 과오에 지나지 않습니다.

이러한 모습들은 꼭 '혁명의 기억'을 가진 당사

자가 아니라 하더라도, 그와 같은 사람들을 곁에서 혹은 멀찍이서 지켜봄으로써 충분히 알 수 있는 것입니다. 동시에 그것은 우리에게 하나의 질문을 던져 줍니다. 과연 그중 어떤 태도가 옳을까. 무엇이 우리의 삶에 진정으로 좋은 것일까. 여기서 부정할 수 없는 진실은, 실제로 우리의 걸음은 이 두 풍경 사이 어딘가에서 휘청거리며 나아가고 있다는 겁니다. 때로는 과거에 대한 향수에 이끌려 멈춰서고 때로는 음울한 현실을 두려워하며 더딘 걸음을 옮김으로써 말이죠. 그러나 어쩌면 그 위태로운 걸음에서 우리가 진정 생각해야 할 것은, 뒤를 보고 걷느냐 혹은 앞을 보고 걷느냐가 아닐 수 있습니다. 문제는 우리가 어딜 '디디고' 있느냐에 있습니다. 우리는 지금 이 순간 우리가 밟고 있는 그곳, 나를 여기 서 있도록 하는 그 기반에 대해 생각해야 합니다. 즉, 우리의 일상, 지금 이 순간의 삶을 사유하고 성찰해야 합니다.

지금 이 순간의 혁명

혁명은 구세계의 얼굴을 등지고 탈주의 길에 오르는

것입니다. 우리가 앞서 살펴본 '파괴자들'도, '탐구자들'도 저마다의 방식으로 그와 같은 길에 올랐습니다. 하지만 그들의 관심은 오직 그 탈주의 길 끝에서 다다를 목적지, 혹은 존재할지 존재하지 않을지 모를 '신세계'에 있었기에, 그들은 당장 그들이 걷고 있는 '길 위에서의 삶'을 발명하는 데에 실패했습니다. 그리하여 탈주의 길 위에서 스러져 사라지거나, 왔던 길을 되돌아가 구세계의 품에 안기기도 했습니다. 우리는 이미 그 모든 것을 보았고 오직 지금 이 순간, 우리가 서 있는 길 위에서의 삶에 천착한 이들만이 아직 좌충우돌하며 멈추지 않고 나아가고 있음을 압니다.

그래서 우리는 지금 이 순간의 일상에 대해 고뇌하는 것을 멈춰서는 안 됩니다. 지금 이 자리에서 이 순간 새로운 삶을 발명할 수 있는 방법을 찾는 시도는 계속되어야 합니다. 그것이 아마도 혁명이 우리에게 남긴 하나뿐인, 그러나 모든 것을 아우르는 교훈입니다. 리키를 생각하고 우리가 지금 무엇을 할 것인가를 고민해야 합니다. 탈주와 포섭의 뒤엉킨 혼란 속에서도 각자의 혁명의 기억을 쥐고 해야 하는 단

하나뿐인, 그러나 모든 일일 테니까요. 이것이 제가 드릴 수 있는 마지막 말씀인 것 같습니다. 이것으로 강의를 마칩니다. 감사합니다.

찾아보기

【ㅁ·ㅂ·ㅅ】

【ㅎ】